社会风俗系列

家庭史话

A Brief History of Family China

张国刚 / 著

社会科学文献出版社
SOCIAL SCIENCES ACADEMIC PRESS (CHINA)

图书在版编目（CIP）数据

家庭史话/张国刚著 .—北京：社会科学文献出版社，2012.3
（中国史话）
ISBN 978－7－5097－3034－8

Ⅰ.①家… Ⅱ.①张… Ⅲ.①家庭－历史－中国 Ⅳ.①D669.1

中国版本图书馆 CIP 数据核字（2011）第 271496 号

"十二五"国家重点出版规划项目

中国史话·社会风俗系列

家庭史话

著　　者／张国刚

出 版 人／谢寿光
出 版 者／社会科学文献出版社
地　　址／北京市西城区北三环中路甲29号院3号楼华龙大厦
邮政编码／100029

责任部门／人文分社　（010）59367215
电子信箱／renwen@ssap.cn
责任编辑／高世瑜
责任校对／孔　勇
责任印制／岳　阳
总 经 销／社会科学文献出版社发行部
　　　　　（010）59367081　59367089
读者服务／读者服务中心（010）59367028

印　　装／北京画中画印刷有限公司
开　　本／889mm×1194mm　1/32　印张／6.125
版　　次／2012年3月第1版　字数／120千字
印　　次／2012年3月第1次印刷
书　　号／ISBN 978－7－5097－3034－8
定　　价／15.00元

本书如有破损、缺页、装订错误，请与本社读者服务中心联系更换
▲ 版权所有　翻印必究

《中国史话》编辑委员会

主　　任　陈奎元

副 主 任　武　寅

委　　员（以姓氏笔画为序）
　　　　　　卜宪群　王　巍　刘庆柱
　　　　　　步　平　张顺洪　张海鹏
　　　　　　陈祖武　陈高华　林甘泉
　　　　　　耿云志　廖学盛

总　序

　　中国是一个有着悠久文化历史的古老国度，从传说中的三皇五帝到中华人民共和国的建立，生活在这片土地上的人们从来都没有停止过探寻、创造的脚步。长沙马王堆出土的轻若烟雾、薄如蝉翼的素纱衣向世人昭示着古人在丝绸纺织、制作方面所达到的高度；敦煌莫高窟近五百个洞窟中的两千多尊彩塑雕像和大量的彩绘壁画又向世人显示了古人在雕塑和绘画方面所取得的成绩；还有青铜器、唐三彩、园林建筑、宫殿建筑，以及书法、诗歌、茶道、中医等物质与非物质文化遗产，它们无不向世人展示了中华五千年文化的灿烂与辉煌，展示了中国这一古老国度的魅力与绚烂。这是一份宝贵的遗产，值得我们每一位炎黄子孙珍视。

　　历史不会永远眷顾任何一个民族或一个国家，当世界进入近代之时，曾经一千多年雄踞世界发展高峰的古老中国，从巅峰跌落。1840年鸦片战争的炮声打破了清帝国"天朝上国"的迷梦，从此中国沦为被列强宰割的羔羊。一个个不平等条约的签订，不仅使中国大量的白银外流,更使中国的领土一步步被列强侵占,国库亏空,民不聊生。东方古国曾经拥有的辉煌,也随着西方列强坚船利炮的轰击而烟消云散,中国一步步堕入了半殖民地的深渊。不甘屈服的中国人民也由此开始了救国救民、富国图强的抗争之路。从洋务运动到维新变法,从太平天国到辛亥革命,从五四运动到中国共产党领导的新民主主义革命,中国人民屡败屡战,终于认识到了"只有社会主义才能救中国,只有社会主义才能发展中国"这一道理。中国共产党领导中国人民推倒三座大山,建立了新中国,从此饱受屈辱与蹂躏的中国人民站起来了。古老的中国焕发出新的生机与活力,摆脱了任人宰割与欺侮的历史,屹立于世界民族之林。每一位中华儿女应当了解中华民族数千年的文明史,也应当牢记鸦片战争以来一百多年民族屈辱的历史。

当我们步入全球化大潮的 21 世纪,信息技术革命迅猛发展,地区之间的交流壁垒被互联网之类的新兴交流工具所打破,世界的多元性展示在世人面前。世界上任何一个区域都不可避免地存在着两种以上文化的交汇与碰撞,但不可否认的是,近些年来,随着市场经济的大潮,西方文化扑面而来,有些人唯西方为时尚,把民族的传统丢在一边。大批年轻人甚至比西方人还热衷于圣诞节、情人节与洋快餐,对我国各民族的重大节日以及中国历史的基本知识却茫然无知,这是中华民族实现复兴大业中的重大忧患。

中国之所以为中国,中华民族之所以历数千年而不分离，根基就在于五千年来一脉相传的中华文明。如果丢弃了千百年来一脉相承的文化，任凭外来文化随意浸染，很难设想13亿中国人到哪里去寻找民族向心力和凝聚力。在推进社会主义现代化、实现民族复兴的伟大事业中，大力弘扬优秀的中华民族文化和民族精神，弘扬中华文化的爱国主义传统和民族自尊意识，在建设中国特色社会主义的进程中，构建具有中国特色的文化价值体系，光大中华民族的优秀传统文化是一件任重而道远的事业。

当前，我国进入了经济体制深刻变革、社会结构深刻变动、利益格局深刻调整、思想观念深刻变化的新的历史时期。面对新的历史任务和来自各方的新挑战，全党和全国人民都需要学习和把握社会主义核心价值体系，进一步形成全社会共同的理想信念和道德规范，打牢全党全国各族人民团结奋斗的思想道德基础，形成全民族奋发向上的精神力量，这是我们建设社会主义和谐社会的思想保证。中国社会科学院作为国家社会科学研究的机构，有责任为此作出贡献。我们在编写出版《中华文明史话》与《百年中国史话》的基础上，组织院内外各研究领域的专家，融合近年来的最新研究，编辑出版大型历史知识系列丛书——《中国史话》，其目的就在于为广大人民群众尤其是青少年提供一套较为完整、准确地介绍中国历史和传统文化的普及类系列丛书，从而使生活在信息时代的人们尤其是青少年能够了解自己祖先的历史，在东西南北文化的交流中由知己到知彼，善于取人之长补己之短,在中国与世界各国愈来愈深的文化交融中,保持自己的本色与特色,将中华民族自强不息、厚德载物的精神永远发扬下去。

《中国史话》系列丛书首批计200种,每种10万字左右,主要从政治、经济、文化、军事、哲学、艺术、科技、饮食、服饰、交通、建筑等各个方面介绍了从古至今数千年来中华文明发展和变迁的历史。这些历史不仅展现了中华五千年文化的辉煌,展现了先民的智慧与创造精神,而且展现了中国人民的不屈与抗争精神。我们衷心地希望这套普及历史知识的丛书对广大人民群众进一步了解中华民族的优秀文化传统,增强民族自尊心和自豪感发挥应有的作用,鼓舞广大人民群众特别是新一代的劳动者和建设者在建设中国特色社会主义的道路上不断阔步前进,为我们祖国美好的未来贡献更大的力量。

2011年4月

⊙张国刚

作者小传

张国刚，历史学博士，现任清华大学历史系教授、教育部长江学者特聘教授。主要研究中国古代史、中西文化关系史。主要著作有《中国家庭史》、《唐代藩镇研究》、《唐代政治制度研究论集》、《中西文化关系史》、《从中西初识到礼仪之争》、《启蒙时代欧洲的中国观》等。曾为联邦德国洪堡学者，在特里尔大学、汉堡大学、柏林自由大学、剑桥大学、早稻田大学、新竹清华大学等校任客座教授或访问学者。曾获《历史研究》纪念创刊三十周年优秀论文奖、教育部高校科研成果一等奖、北京市优秀成果一等奖等。

目 录

前　言 …………………………………… 1

第一章　家庭的起源：先秦时期 …………… 5
  1. 史前家庭 ……………………………… 6
  2. 夏商周时期的家庭 …………………… 12
  3. 春秋战国的变革与小家庭形态形成 …… 17

第二章　传统家庭的奠基：秦汉时期 ……… 25
  1. 家庭规模与结构 ……………………… 26
  2. 婚姻与夫妻关系 ……………………… 26
  3. 家庭中的人际关系 …………………… 30
  4. 家庭财产的析分 ……………………… 31
  5. 家庭生计 ……………………………… 32

第三章　传统家庭的发展：魏晋南北朝时期 … 37
  1. 家庭规模与结构 ……………………… 38
  2. 婚姻与夫妻关系 ……………………… 39
  3. 家庭中的人际关系 …………………… 43

4. 家庭生计 ··· 47

5. 魏晋士族的礼法与家学 ····················· 51

第四章　传统家庭的繁荣：隋唐五代时期 ········· 53

1. 家庭规模与结构 ································ 54

2. 婚姻与夫妻关系 ································ 60

3. 家庭中的人际关系 ···························· 70

4. 家庭财产的析分 ································ 76

5. 家庭生计 ··· 80

6. 中古的家庭教育 ································ 84

第五章　传统家庭的转型：宋辽金元时期 ········· 90

1. 家庭规模与结构 ································ 91

2. 婚姻与夫妻关系 ································ 94

3. 家庭中的人际关系 ·························· 100

4. 家庭财产的析分 ······························ 103

5. 家庭生计 ··· 109

6. 宗族与家庭 ······································· 117

第六章　传统家庭的鼎盛：明清时期 ············· 121

1. 家庭规模与结构 ······························ 122

2. 婚姻与夫妻关系 ······························ 123

3. 家庭中的人际关系 ·························· 130

4. 家庭财产的析分 ······························ 134

5. 家庭生计 ··· 136

第七章　传统家庭的衰落：近代家庭 …………… 139
　1. 家庭规模与结构 ………………… 140
　2. 婚姻与夫妻关系 ………………… 143
　3. 家庭中的人际关系 ……………… 150
　4. 家庭财产的析分 ………………… 153
　5. 家庭生计 ………………………… 160
　6. 民国家庭的转型 ………………… 165

后记 …………………………………… 172

参考书目 ……………………………… 173

前 言

家庭，不仅是社会的细胞，也是个人物质和精神生活的主要依托。传统中国就是一个以家庭为本位、"家国同构"的社会。

那么究竟什么是家庭呢？家庭与其他社会共同体有何区别？

首先，家庭是以婚姻关系为基础、以血缘关系为纽带的亲属团体；其次，家庭还是一个同居共产、共同生活的最基本的生活组织。这两点是我们判断家庭历史起点、区分家庭与其他亲属组织、择取相关史料并做相应表述的根据。当然，古史中的所谓"家"，内涵丰富而复杂。我们所说的"家庭史"中的"家庭"只是对应于同居共爨共财的狭义的"家"概念。

国际学术界对家庭史的演进，一般划分为血缘家庭（同辈婚姻）、普那路亚家庭（群婚，"普那路亚"意为亲密的伙伴）、对偶家庭（母系为主）、一夫一妻制家庭四种不同的历史形态。一夫一妻制是人类最后一种家庭形态。但是，近年西方一些国家出现同性恋家庭，对于"夫妻"特指"一男一女"的传统含义进行了颠覆。

一部家庭史究竟应该是什么样子？其中应包含哪些内容？依然是一个探讨中的问题。中国家庭史研究从起步至今已有近一个世纪，仍未形成一个较为完整的学术构架。

本书的内容结构主要包括五个方面：首先是家庭规模，主要关注家庭的规模、结构、形态、等级，将家庭人口与类别交代清楚；其次围绕婚姻的缔结和夫妻关系讨论家庭中择偶、成婚、性爱、离婚等内容；再次讨论夫妻关系之外的其他家庭成员之间的伦理关系，如父子关系、婆媳关系等；然后是家产的继承与析分问题；最后从家庭生计的角度探讨日常生活，包括生产和消费、居住与衣食等。

聚焦于家庭生活，亦即关注家庭里夫妻生活以及家庭成员之间的关系等内容，是本书的一个特点。家庭生活不同于衣食住行之类的日常生活，以夫妻、老人、子女为中心的家庭伦理关系、矛盾与冲突（如家庭暴力）等都属于"家庭生活"的内容。而衣食住行等社会生活史方面的问题主要是从"过日子"、消费水平、生活习惯等"家计"、"生计"的角度来叙述。围绕家庭人际关系和生活方式这两个中心而展开的丰富多彩的家庭活动及其内容、形式与状态的变化，而不是家庭制度、形态、模式或者结构，才是家庭历史演进的基轴。此外，家庭是社会的基本组织细胞，其历史发展演变同社会、文化的整体变迁息息相关。家庭任何方面与局部的重要发展变革，都必须放到特定时代的社会、文化条件下加以考察，才能真正认识家庭演进的历史。

从方法论上说，研究中国家庭史，要注意法制史、经济史和社会史三个维度。所谓法制史的维度，主要是关注家庭内部各成员的法权关系，把伦理关系放在法律的视角下加以考量。所谓经济史的维度，是要讨论家庭的生计问题。所谓社会史的维度，则主要是关于家庭中的社会生活问题，如老人问题、儿童问题、再婚家庭的亲子关系问题等，这是过去缺乏足够重视的内容，也是当代家庭史研究最应当关注的部分。

中国家庭的历史，我们从对仰韶文化后期母系家庭的讨论开始。整个先秦时代，中国传统家庭从无到有，逐渐形成。到春秋战国时代，以小型核心家庭和直系家庭为特点的传统家庭形态占据了社会主流，家庭经济结构和经营规模已经具备了传统小农经济时代的若干特征。

两汉时期，传统家庭获得了初步发展，以家庭为单位的"小而全"综合经营的小农家庭生计模式逐渐定型。到魏晋南北朝，家庭类型更加多样。从春秋到南北朝，这是传统家庭的奠基和初步发展阶段。到了隋唐五代，传统家庭迎来了第一个兴盛阶段。这首先是因为"江东曲辕犁"的出现，从生产资料上给小家庭生产提供了生存的物质基础。经过秦汉魏晋的确立与发展，这一时期的家庭呈现出"同籍异居"和"同居别籍"的二元复合型特征；同时，普通民众的小家庭与官宦士绅的大家庭共存。婚姻重门第，亲子重孝养。男子除了妻子之外，还可以有多个女性伴侣，因而形成复杂的家庭人际关系。

辽宋金元时期则是传统家庭发生近代化转型的重要时期。南宋时期的朱熹设计了一套新的家族制度。宋代及其以后的血缘型的家族制度，大体上就是按照朱熹设计的模式和规范建立起来的。这种以壮年夫妇为核心的三代五口之家，规模小，结构简单，是宋以来直至近代中国大部分家庭的主要形态。

至明清，传统家庭达到了鼎盛，同时也是衰落前最后的辉煌。家庭规模延续了宋以来的三代五口结构；婚姻关系强调"论财"，童养媳成为许多贫困家庭的婚姻模式；对女性守节的强调则达到了历史上的顶峰。民国以后，传统家庭衰落，现代家庭兴起。家庭结构更趋小型化，婚姻关系开始强调情感基础、自由结合。但民国政府倡导的新式文明，对传统家庭的冲击主要表现在城市里，广大农村地区依然保留着传统的家庭形态。

第一章　家庭的起源：先秦时期

有天地然后有万物，有万物然后有男女，有男女然后有夫妇，有夫妇然后有父子，有父子然后有君臣，有君臣然后有上下，有上下然后礼仪有错。夫妇之道，不可以不久也。

——《周易·序卦》

正如前言中所说的，家庭作为一种以婚姻关系为基础、以血缘关系为纽带建立起来的同居共财、共同生活的亲属组织，包括着三种基本构成要素：一是婚姻关系，二是血亲关系，三是同居共处的生活（包括共同的物质和精神生活）关系。在此三种要素中，婚姻关系是最根本的。

所谓婚姻，是指一对男女在较长时期里维持比较固定的偶居关系。婚姻关系不是从人类诞生时就有的，而是社会文化发展到一定历史阶段的产物。中国历史上的对偶婚出现于母系氏族社会晚期，大约相当于考古学上的仰韶文化后期，是为中国家庭史的起点。早期家庭为母系家庭,在传说中颛顼到大禹的时代,随着父权制确立,父系专偶家庭逐渐成为主流,姓氏制度出现,传统家庭中的亲属关系也确定下来。中国历史进入文明社会,传统家庭形态也从无到有,逐渐完善。夏商周时期是中国历史的"古典时代",小家庭日渐完善,但主要依附于父系大家族组织之下生存,尚未在国家法律和思想观念上独立出来。婚姻和夫妇关系成为"礼制"的根本内容,丧礼的"五服"制度对亲戚关系进行了明确的规定,孝悌观念开始产生。总之,这是传统家庭从无到有的萌芽期。

春秋战国是传统家庭模式的形成期,随着父系家族公社分化瓦解,个体小家庭独立成为社会基层的组织实体。在生产力发展、土地制度变革等众多因素影响下,再加上"商鞅变法"的推动,以小型核心家庭和直系家庭为特点的传统家庭形态占据了社会主流;家庭经济结构和经营规模已经具备了传统小农经济时代的若干特征;夫妇之道、孝悌之礼的论述日渐完备,传统家庭的伦理体系也在这一时期建立。

史前家庭

夫妇关系的形成、亲属关系的确立,甚至姓氏的产生,都与早期家庭的历史密切相关。史前家庭经历了漫长的时光,最终演变成今天我们熟悉的样子。伏羲和女娲是神话中开天辟地的人类始祖。传说中,他们兄妹为婚,组成了中国历史上的第一个家庭。根据民俗学家考证，兄妹群婚是原始人群在氏族时期的一种婚姻状态，即同一个血缘族群内部的兄弟姐妹之间互为夫妻。而伏羲、女娲的兄妹婚传说，正是人们对远古婚姻形态的朦胧记忆。根据已有的研究成果，人类历史早期的两性关系和婚姻形态，经历了若干次重大的演变。恩格斯认为：人类婚姻形式经历了三个主要的演变阶段，即群婚、对偶婚和专偶婚阶段。在这三种形式的婚姻关系中，又存在多种变态和过渡形式。在家庭起源过程中，由群婚向对偶婚的转变具有重要意义。

群婚是人类最早、最原始的婚姻形态，男女杂乱性交阶段相当于考古学上的旧石器时代早期。我国距今约四五十万年前的北京人以及此前的兰田人、元谋人据推测皆属这种状况。随着人类社会的缓慢演进，原始人群的人口数量缓慢增加。社会组织由最初的原始群发展为以母系关系为基础的"血缘家族"或"血缘家庭"，此时的男女两性关系，已由最初无限制的杂乱性交演进为具有一定禁忌和限制的"血缘群婚"。大体上说，我国境内的丁村人、马坝人、长阳人都处于血缘群婚阶段。在我国，同一血缘家族内兄弟姐妹之间互为"夫妻"的血缘群婚制，可能也存在了相当漫长的时间。本节开头提到的伏羲、女娲兄妹婚，是古代文献对血缘群婚制最典型的记载。

随着血缘家庭的继续扩大和不断分解，在它之上又出现了更高的社会组织，即血缘氏族公社。在氏族制度下，婚姻制度是"外婚制"的氏族群婚，亦称

"亚血族群婚"。有学者推测：在中国历史上，氏族群婚可能始于距今四五万年前的山顶洞人时期，一直存在到距今六七千年前的仰韶文化时期，时间亦长达数万年之久。氏族群婚既禁止氏族内部父母与子女通婚，也禁止兄弟和姐妹（包括同胞兄弟姐妹与同一母系氏族内的非同胞兄弟姐妹）之间通婚，而实行一个氏族的姐妹与另一氏族兄弟之间的群婚。这种不同氏族之间男女"共妻共夫"的现象，导致了后人不易理解的亲属关系称谓。《尔雅·释亲》说："姑之子为甥，舅之子为甥，妻之晜弟为甥，姊妹之夫为甥。"只要是姑的儿子，就必然是舅的儿子，也就必然是妻的兄弟，还必然是姐妹的丈夫。四者之中，只要具备其一，另外三者就同时具备。

氏族群婚发展到比较高级的阶段之后，还出现了"伙婚"现象。伙婚又称"搭伙婚"，国外人类学家则称之为"普那路亚"婚。中国历史上的伙婚，主要有两大形态：一是一妻多夫制，其中又包括兄弟共妻、父子共妻和朋友共妻等形式；二是一夫多妻制，其中又包括母女型、姊妹型、平妻型、妻妾型，历史上的收继婚（或称"转房制"）也可视为其中的一个特殊类型。多偶的伙婚现象虽然早在母系氏族社会即已产生，但在历史上却长期与其他婚姻形态并存。

根据大多数学者的意见，对偶婚出现于母系氏族社会晚期，大体相当于考古学上的新石器时代后期。对偶婚是一种个体婚，即一对男女在较长时间里维持比较固定的偶居关系。这是中国家庭的历史起点。可以说，真正意义上的家庭开始于婚姻史上的对偶婚阶段，其时间相当于考古学上的仰韶文化后期。

早期对偶婚下的家庭仍是母系家庭，而非父系家庭。翻开《史记》，我们会发现，远古帝王以及夏、商、周、秦四个部族的始祖，都有离奇的诞生故事。例如：舜是因为母亲看到大虹心有所感而受孕的；大禹是因为母亲吞食薏苡而受孕的；一个叫简狄的女孩子吞下了燕子的蛋生下商人的始祖契，另一个女子姜嫄踩了巨人的足迹怀孕产下周人的始祖弃；秦国的始祖伯益也是因为他母亲吞下了玄鸟卵而降生。这些上古英雄领袖的出生传说有一个共同点：知其母而不知其父。这正是母系时代在文献中的曲折反映。

然而，随着社会经济和文化的发展，"从妻居"的母系对偶婚家庭逐渐出现裂痕，并向"从夫居"的父系专偶婚家庭转变。对这一转变发挥了决定性作用的，应是男女在经济生产中地位的变化和家庭财富的增加。男子进入农业领域并成为生产主力，与此同时，妇女在经济生产中的作用和地位则不断降低。这导致了男女社会地位和家庭地位的升降。首先是由母系家庭向父系家庭转变，由从妻居向从夫居转变；其次是对子女归属权的争夺；然后是专偶制婚姻的出现，妻子在丈夫活着的时候专属丈夫一人，不能再与其他男子发生性关系，丈夫去世以后，她仍然专属于夫家。专偶制意味着丈夫在家庭中已经取得了绝对的支配权，父权制的家庭制度逐渐建立了起来。一般认为：传说中的颛顼到大禹时代，正处于母系家庭向父系家庭转变的阶段，此时的中国历史，也已经跨入文明社会的门槛了。

随着父权制的建立，在传统家庭中所见到的种种亲属关系逐步确立了下来；对家庭具有标志意义的姓氏制度，也在这个时侯逐步出现。姓最早是母系氏族社会的产物，随着父权制产生，氏也开始出现。与姓起源于图腾崇拜不同，氏乃起源于男性祖先的官职或者功业等等。由从母系称姓到从父系称氏的转变，大抵开始于传说中的颛顼时代。

在旧石器时代早期，社会生产力极其低下，人们使用木棒和经初步打制的简陋石器谋取所需食物。我国境内发现的元谋人、蓝田人、北京人等，均处于旧石器时代的早期阶段。在采捕经济生产中已形成了一定的男女分工。体格较强壮且无怀孕和哺乳负担的男子承担捕猎任务，妇女则主要从事活动量较小的采集活动。在距今一万年左右，中国进入了新石器时代，包括母系社会和父系社会两个阶段。农业是在母系社会时期起源的。人们逐渐走向了定居生活，家庭经济和家庭生活相应地发生了种种变化。由夫妻及其子女组成的居住于妻方的小家庭，并不具备经济独立性，而是依附于母系大家庭。在母系氏族社会晚期，由于经济发展和剩余产品出现，私有观念和私有财产也逐渐萌芽，公有经济则开始出现松解迹象。以"走访婚"为特征的氏族群婚逐渐转变为"从妻居"的对偶婚。由于原始农业经济的发展，社会形态和家庭制度都逐渐发生了显著变化，不仅母权制家庭逐渐向父权制家庭过渡，而且氏族家族公有制也逐渐向家庭私有制转变。

中国境内的原始人类最早居住在山洞和树洞中，即所谓"穴居"和"巢居"。大约到了旧石器时代晚期，随着技术的发展和智力水平的提高，人们逐渐学会建筑简陋的人工住所。在北方地区，住房建设可能更主要是渊源于穴居，古史所载的"构木为巢"，其实更符合南方地区的情况。

处于旧石器时代晚期的山顶洞人，已经有了公共氏族墓地，随着亲属关系和婚姻形态的变化，不同阶段的公共墓地在布局上相继发生了明显变化。随着父权制的建立和专偶婚的出现，墓地布局也相应发生了若干显著变化，个人墓葬大量出现，还出现了男女即夫妻合葬墓。

人类最初是没有衣服的，衣服的雏形大概只是取些树叶、树皮或者兽皮，对身体的某些部位稍加遮挡而已。在古史传说中，发明衣服是黄帝的一项伟大功绩，从当时的劳动分工来说，为家人做衣服应是母亲和妻子们的分内之事。

在漫长的史前时代，造食技术及其设备缓慢进步，火的利用导致了饮食生活的重大转变。家庭形态的变化也对饮食生活有重要影响，其中最显著一点是由"共食制"向"分食制"逐步演变。在母系氏族时期，母系大家庭的饮食生活是共产共食；到了父系氏族社会阶段，特别是随着父系大家庭向个体小家庭逐步发展，分灶炊食逐渐普遍起来。

夏商周时期的家庭

昏礼者，将合二姓之好，上以事宗庙，而下以继后世也，故君子重之。是以昏礼纳采、问名、纳吉、纳征、请期，皆主人筵几于庙，而拜迎于门外，入揖让而升，听命于庙，所以敬慎重正昏礼也。

——《礼记·昏义》

仲春之月，令会男女。于是时也，奔者不禁。

——《周礼·地官·媒氏》

以上两段材料都从《周礼》中来，但是却表达了相反的含义。一方面是重视婚姻，传统婚礼的六大要素即"六礼"，在周朝已经形成了。但另一方面，对于不依照礼法缔结婚姻的男女，即使"私奔"，也并不禁止。而按照礼制完成的婚姻，也并不能保证"白头偕老"，《诗经》中就记载了很多离婚的故事。以上种种，都表现出夏商周时期婚姻观、家庭观处在形成中，规则不断产生，但是约束力并不强。这一时期小家庭笼罩于父系大家庭（或家族、宗族）组织之下，未能在国家法律和思想观念上被确认为一个独立的社会组织单元。

考古资料和古书记载反映：在夏人的统治阶层中，丈夫不仅已取得了对妻子的专有权，而且可以拥有多个配偶。但婚姻与夫妻关系仍带有氏族社会的落后痕迹，即使在统治阶层中，婚姻关系仍然比较混乱。商周时期，父系大家庭和家族组织继续发展，同时小家庭也逐渐形迹可辨。最常见于甲骨文和铜器铭文的亲属组织称谓是"族"，它是商人社会的基本单位，是以血缘关系为基础建立起来的一种亲属团体。甲骨文、铜器铭文和先秦古籍的记载揭示了商人亲属组织的若干特征，表明当时的家族组织是一种多层次的结构，一个大的家族组织即是一个多层次的亲属集团，由宗氏、分族和更小的家族分支构成。当时商人墓葬在平面上呈现出某种形式的聚合状态，同一墓地当为一个宗族，其下的墓群则为一个家族，而其中的墓组当属我们所指的"家庭"层次。周朝实行了"建藩卫、封诸侯"和"授民授疆土"的分封制度，分封制度不仅造就了等级森严的周代社会结构，而且为家族和家庭的存在设定了一种独特的制度框架。

婚姻与夫妻关系

在商周时期，结婚不只是小家庭的事，而是在大家庭或者家族的层面来实现的。商代无论是平民阶层还是贵族阶层，一夫一妻制婚姻都已经很普遍。不过，对商王和贵族来说，一夫一妻制只是妻子专属一夫，而丈夫则往往多妻。甲骨卜辞还反映：商王和贵族婚嫁已经形成了一定的礼仪，后代的婚姻六礼在商代已初见端倪。西周时期，一夫一妻之制在贵族阶级中最终得到了确认，但制度规定男人可以根据等级高低拥有不同数量的女人。周代婚姻严格实行"同姓不婚"。贵族的婚姻，在一定程度上实行"等级内婚制"。周人非常重视婚礼仪式，当时的婚礼包括纳采、问名、纳吉、纳征、请期、亲迎六个主要程序，即所谓"六礼"。从《诗经》、《左传》等书的记载来看，六礼不仅在士人婚姻中得到贯彻，庶民阶层也一定程度地遵守这些仪式。虽然礼制强调"壹与之齐，终身不改，故夫死不嫁"，但事实上，离婚和女姓再嫁现象在周代是相当常见的。

自西周至春秋时代，人们不仅将从婚姻开始的夫妇关系纳入礼的规范之中，而且还将其视为礼的起点和根本。周代婚礼规定的基本精神是"敬慎重正"。礼制中直接针对夫妇如何彼此相处的规定不多，比较值得注意的一项规定是关于生活方面的。按照礼制：周代贵族夫妇通常是别室而居，即所谓"男子居外，女子居内，深宫固门，阍寺守之，男不入，女不出。"周代的夫妇伦理，体现在婚礼之中，是夫家如何隆重地迎娶；体现在日常生活的礼中，则主要是对妻子举止行为的规范。当时人们非常强调婚姻"附远厚别"、"和二姓之好"的政治意义，及其上事宗庙、下继后世的家族意义。在日常生活礼仪中，则主要强调妇对姑舅的孝敬，夫妇双方的个人关系反倒不是很重要。

商代求子之俗相当盛行。商人早先曾以玄鸟即燕子为生育之神，并加以祭祀。商人不仅对受孕生育十分重视，并且对夫妻应于何时进行性生活也有一定干预，故对女子的预产期能够比较准确地加以推算。周代则围绕生育形成了诸多礼仪和习俗，从文献记载所反映的情况来看，这些礼俗具有明显的等级差别。

先秦文献记载反映，传说中的舜帝时代已经产生孝悌伦理，舜帝本人即以孝悌闻名。据后代史书记载，商代已经有了孝的观念和制度。孝形成一套礼制则是西周的事情。孝的伦理是由祖先祭祀起步发展起来的，西周初期的特殊政治需要是促使孝礼形成的重要契机，孝礼体系的最早创立者是当时掌握实际统治权力，但没有天子名分的周公。周公将体现"追孝"观念的宗庙祭祀制度与等级分封制、嫡长子继承制和庙数制度相结合，将以尊祖敬宗、报本返始为内涵的孝确定为核心政治理念。其最大特点之一，是通过等级分明的宗庙祭祀，首先体现"尊尊"，尔后才是"亲亲"，君臣、父子、贵贱、尊卑、长幼之伦寓于其中。

对老人的赡养照顾，是家庭的一个重要责任。商代的情况不甚明晰，但周代礼制已有专门的养老之礼，《礼记·内则》对儿子、儿媳应如何照顾老年人的日常饮食起居做了非常详细的规定。丧服之制是周代的创造，并与嫡庶制、宗法制、分封制等密切相关。从家庭史的意义上说，这套制度不仅反映了周代的丧葬礼俗，也反映了当时的家庭亲属结构和亲属关系，还反映了家庭与家族、家族与姻族之间的关系。周代丧服之制大体包括三个方面的内容：一是丧服服饰制度，二是丧服服叙制度，三是守丧制度。在上述三个制度中，丧服服叙制度最为根本。它将丧服划分为斩衰、齐衰、大功、小功和缌麻"五服"；服叙标志着死者与生者亲属关系的远近等差，也标志着他们之间的亲属关系的属性。值得注意的是，在丧服制度中"叔嫂无服"，即妻子与丈夫的兄弟之间没有丧服之制，这与儒家针对当时社会男女关系混乱而刻意设置的"男女之防"有关。

家庭生计

商代社会的经济活动以家族为单位进行,并受宗族支配。宗族中的普通族众是经济生产的主要承担者。各个家族都从宗族集团中获得部分土地的占有权和使用权,家族成员集体进行生产活动,同时共同享有生产成果。西周建立之时,农业在社会经济体系中已居于绝对支配地位;周代的经济形态可以概括为等级分封制下的领主制经济。下级封建主从上级封建主那里获取封地,其中自有部分为"公田",分授给封地内农民家庭的为"私田"。贵族家庭所需的食物、衣料及其他生活资料,少部分来自下级贵族和庶民的贡纳,大部分则来自"公田"(王室则来自"藉田")收入。庶民家庭主要通过耕种"私田"获得生活来源,并以集体服役的方式耕种"公田"、承担封建义务。以小家庭为单位从事耕作乃是一种发展趋势,至西周晚期以后,小家庭生产逐渐增多。

商代住房大多数为半地穴式建筑,全地穴式的不多,地面式建筑更少;周代的情况大体也是如此,但地面式住房的比例有所增加。由于贫富等级差别,周代庶民与贵族家庭住宅的室内设施明显不同。大体上说,庶民家庭住宅中可能只有简陋的草席、土灶及几件必需的生活和生产用具,贵族大宅内则陈设有许多精美器具。

商代家庭实行一日两餐的饮食制度,其中上午一餐称"大食",下午一餐则称"小食";但贵族及富人家庭可能并不受此限制。当时人家所食之物,植物类食品除黍（黄米）、稷（小米）、稻、麦之外,还有采集得来的野蔬和野果;肉类则除家养的猪、羊、牛、鸡肉等之外,还有捕猎获得的种类众多的飞禽走兽和鱼鳖蚌蛤。周代家庭的饮食生活应较商代丰富一些。饭与菜、主食与副食的划分已然相当明显。北方家庭做饭的原料有黍、稷、稻、麦、麻子和菽（大豆）,其中黍米和稷米是主粮,饮料主要是酒和浆。

商周时代的衣物原料,大抵为麻布、丝织品和兽物皮毛之类。在周代,"男耕女织"的家庭生产分工已初步成形,采桑养蚕、沤麻绩织和做鞋、缝衣,都是妇女的任务。周代的基本穿着,大体分为衣服、冠帽和鞋子几个主要部分,其中又分吉服和丧服两大类。吉服是通称,包括礼服和常服;丧服乃是生者为死者守丧时所穿,依生者与死者亲属关系的远近,分为斩衰、齐衰、大功、小功、缌麻五等。这一时期,血缘亲疏和社会等级对服饰有极大影响。周代是一个等级森严的社会,等级身份和亲疏关系的主要外在标志之一即是服饰,这在礼制中有明确的规定和反映。

春秋战国的变革与小家庭形态形成

春秋战国时期在家庭史的发展演变中是非常重要的一个时期。在巨大的社会变革中,以家庭为单位的小农经济逐渐普及,"五口之家"、"八口之家"这样的小家庭模式正式确立了，并且在整个传统社会延续数千年。分家的风俗和具体操作，都在这一时期开始出现。同时，这一时期的家庭伦理也进一步完善，关于如何处理父子、兄弟、夫妇之间的关系等，产生了许多重要的伦理观念。父慈子孝、兄友弟悌、男女授受不亲等很多我们熟知的家庭伦理，都在这一时期形成。

春秋战国时代的家庭变革，至少与以下几个方面联系密切：一是社会生产力特别是农业生产力的进步，二是土地制度的变革，三是赋税制度的改革，四是"编户齐民"制的建立，五是国家对个体家庭发展所采取的强制和鼓励政策。其中，第一个方面为家庭变革提供了生产力基础，后四个方面则与分封制的破坏、宗法关系的解体、军事制度的变化等多种社会因素密切相关，并且彼此之间互相联系，成为这一时期家庭变革的直接动因。由于"商鞅变法"带来的一系列有关法令、措施的施行（首先是在战国后期的秦国，秦朝统一以后又推行到全国），开始于春秋中期的个体家庭逐步走向独立的历史变革过程终告完成。分封制下的传统父系家族公社不断分化、瓦解，中国家庭的一场历史巨变正在悄然进行。父系家族公社的分化瓦解促进了个体小家庭的成长。无论是处于社会上层的公、卿、大夫，还是处于社会中下层的士和庶民，亲属组织都趋向小型化，特别是士庶阶层中，小型的核心家庭和直系家庭逐渐普遍，反映在当时文献中便是"室"的频繁出现。基层亲属组织正逐渐由"古典式"的血缘家族向传统社会以核心家庭和直系家庭为主的小型家庭转化。以核心家庭和直系家庭为主体的小型家庭，在政治、经济和日常生活中的独立地位得到了全面确立。中国家庭历史也终由以家族为本位的古典时代进入了以个体小家庭为本位的传统时代。

家庭结构与家庭中的人际关系

在春秋战国的社会变革中，家庭的类型和结构已经多样化，中国传统时代的各种家庭类型，包括核心家庭、直系家庭、联合家庭、一夫多偶家庭和残缺型家庭，在这个时期均已经出现于文献记载。在当时大多数人的心目中，一般家庭的人口数量在5~9人。受"商鞅变法"强制推行兄弟分异政策影响，家庭规模有所减小。

春秋战国时代的家庭变革，不仅表现为家庭结构改变和家庭规模逐步小型化，也表现在家庭关系、家庭角色和生活理想等方面的明显变化中。一方面，家族之中不同个体家庭间的亲属关系更加疏离；另一方面，个体家庭内部的亲属关系则得到进一步强化。人们十分强调家庭亲属间的责任和义务，《左传》有言："父慈而教，子孝而箴；兄爱而友，弟敬而顺；夫和而义，妻柔而正；姑慈而从，妇听而婉。"这一时期，"男尊女卑"已经贯彻到了不同阶层的家庭实际生活之中，不仅夫妻的地位有明显差异，父与母、子与女的地位同样有差别。男性家长在个体家庭中的地位得到了明显强化，在家庭内部获得了独一无二的权威。

春秋战国时期，处于贵族阶级下层，但具有国家治理所需知识和才能的士人十分活跃，他们往往凭一技之长周游列国，实现个人的政治抱负，并获得俸禄粟帛，上养父母、下蓄妻子。这些新的社会变化，激发了新的家庭理想，也使父母对儿子、妻子对丈夫产生了新期望。这也促使众多士人不治生业，置父母妻室于不顾，长年外出求学交游，家庭对他们则是倾力支持。如苏秦、张仪都是这一时期士人的榜样。

自春秋时期开始，贵族统治阶级在婚姻和两性生活中违反礼制的现象越来越普遍。随着井田制和家族公社的逐步瓦解，在士庶阶层中，个体家庭经济与生活的独立性日益增强，由"匹夫匹妇"所组成的一夫一妻制家庭逐步发展起来。但是，春秋战国社会的婚姻和两性关系，曾经是相当混乱的。一方面是统治阶级不守礼制、行为放纵，另一方面则是庶民阶级仍受到对偶婚的残余影响。从维护社会安定的角度出发，春秋战国时期，各国统治者都很强调夫妇伦理，以维持稳定的家庭关系，并相继采取了一些法令措施，对男女关系进行限制和约束。通过法令形式强制变革落后家庭风俗，倡导新型夫妇伦理，目标最为明确而且最有成绩的，毫无疑问当数秦国。商鞅整顿家庭风俗、强化夫妇伦理的努力，秦国一直在继续，直到秦朝统一以后，仍然没有松懈。秦始皇残暴不仁为历代所唾骂，但在促进具有重要人道意义的夫妇伦理的建立方面，却做出了相当大的贡献。

这一时期的夫妻关系，总体上说是夫主妇从，所谓"七出"之说在春秋战国时期是否已经形成尚不能肯定，但休妻之事多有发生。夫妻在家庭中的地位已经极不平等，与周代相比，妇女在家庭中的地位似乎进一步下降。当时社会也存在"夫妻等齐"的观念，要求双方彼此忠实，妻子对丈夫要贞顺，丈夫也不得随意弃妻。在实际生活中，家中有事也的确会夫妻共商。但是，当时夫妻彼此不忠的事情也很多。表现在丈夫方面，就是在外眠花宿柳，甚至养外室；而丈夫出门在外时，妻子在家不能守贞的事情也时有发生。

春秋战国时代，有一定社会地位和经济条件的人士除娶妻之外，往往还置一个或若干个妾，形成一夫多配偶家庭。为了减少家庭矛盾，男人们一方面严格规定妻妾的名分等级，要求妾对妻要像儿媳对姑舅一样恭敬顺从；另一方面则要求妻子不嫉妒。在实际生活中，妻妾很少能够和平相处，因为争宠而明争暗斗、互相仇视的现象十分普遍。

这一时期，妇女"未嫁从父，既嫁从夫，夫死从子"的观念已经形成。未嫁之前，女子应对父母尽孝敬之道；出嫁之后的妇女，家庭角色和义务则是多方面的：她要承担主"中馈"、织纴、洒扫、侍候姑舅、教养子女等多种职责，伦理对她的要求是对姑舅孝敬，对丈夫贞顺、不嫉妒，对子女则要慈爱。在与子女之间的关系中，父亲的角色形象比较严厉，母亲则扮演慈爱的角色。由于一夫多妻妾之故，父母与子女之间的关系也变得复杂起来。而后妻虐待前妻之子、前妻之子仇视后母，也是常见的家庭现象。

兄弟关系是重要的家庭伦理关系。春秋战国时期，由于个体家庭独立,已婚兄弟分家逐渐成为普遍现象,也是每个家庭的必然发展趋势。这也导致了兄弟关系的新变化。尽管伦理规范要求兄弟友爱,特别是弟对兄要敬,以期同心协力谋求生计、发家致富,但是兄弟分家往往导致家庭内部发生经济矛盾。春秋战国时期,礼乐崩坏,孝友伦理作为礼制也日益遭到破坏。但是,孝友之礼逐渐由具有政治强制性的仪轨制度转变为一种社会习惯持守的风俗,转变为一种新的文化形态继续广泛存在。这一转变始于春秋,在战国时代已经十分明显。

春秋战国时代的社会变迁,导致了夫妇、孝悌伦理的质变和转向。其时,宗法松解、礼乐崩坏、文化下移,社会阶层急剧流动,个体家庭摆脱家族公社而独立,血缘政治为地缘政治所取代。建立在血缘家族社会基础之上,并服务于宗法政治统治的夫妇、孝悌伦理,渐渐难以发挥原有的社会调适功能。在新的社会历史条件下,通过礼的形式表现出来的夫妇、孝悌伦理逐渐变质、分化和重构,其功能目标由以维护血缘宗法政治为主转向以调适个体家庭内部关系为主;实践群体亦由贵族阶级扩展到社会各阶层,逐渐转变为符合全社会所有个体家庭需要的新的伦理规范体系。在此过程中,作为社会精英的先秦思想家特别是以孔子、曾子和孟子为代表的儒家,不仅对西周夫妇、孝悌之礼进行了全面整理、重新解读,而且根据新的社会现实进行了创造性的发挥,赋予它们以形而上的天道人性哲学意义,从而使之具有了社会普适性。具体烦琐的夫妇、孝悌之礼因而被提升为理论性与实践性高度统一的夫妇、孝悌之道，中国传统家庭伦理体系逐步建立了起来。

家庭生计

这一时期，通过出仕做官获得俸禄供养家庭，逐渐成为士人阶层的一种主要谋生方式，是所谓"以禄代耕"。他们只要获得了一官半职，就可以获得俸禄奉养父母、俯蓄妻子。至于其他阶层，也各以所业获得家庭生活来源。在当时人看来，拥有一个稳定职业对于家庭生活是非常重要的。随着"工商食官"制度被打破，逐渐兴起了一个新兴的自由工商业者阶层，并且形成了不同的家庭生计体系。商贾家庭的生计来源是转运贩卖和坐列市肆所获得的商业利润；社会上也出现了不少自由小手工业者，通过经营不同业务维持生计。

春秋战国时期的农民家庭生计，与周代相比发生了明显变化，家庭经济结构和经营模式已具备了传统小农经济的若干基本特征。这一时期，经济规模狭小已成为农家经济的重要特征之一。这首先表现在家庭生产以小型化的农具组合为基础条件，其次是农民家庭的小块土地占有与使用。农民家庭所经营的小块土地，除了种植粮食之外，还需有一部分用于栽种桑麻，必须勤谨经营才能勉强维持家庭生计。"男耕女织"已成为农民家庭劳动生产分工的一种稳定模式。匹夫耕耘、匹妇蚕织，共同从事耕织结合的家庭生产，以满足一家大小的生活需要，正是传统时代农民家庭生计的基本特点。当然，由于商品经济的发展，这一时期也出现了一些专业化的农业生产，其中特别值得一提的是园艺业。

由于资料不充分，我们无法对当时农家收支情况做出清楚的估算，但可以肯定的是，一般家庭常常只能维持最低的生活水平；如果劳动力不足，或者遇到某些不幸的情况，则只有靠借贷乞讨度日。战国时期，厚葬风气已经出现，互相攀比的厚葬侈靡之风波及民间，肯定也对农民家庭生计产生了严重的不利影响。

事实上，春秋战国时代对普通农民家庭生活影响最为严重的，正是国家强加给他们的赋役负担。从制度上说，征发力役是有一定限制的，但事实上，国家的力役征发常常毫无节制。不少家庭因为子弟全部被征发参加战争，甚至死于疆场，鳏夫寡妇老无所养。到了战国时期，农民的兵役负担更加严重，农民家庭根本无法正常开展生产活动、过正常的生活；沉重的租税剥削对农民家庭生活也造成了严重影响。不仅导致农业生产凋敝、农民家庭生计艰难，并且影响了整个社会的稳定和经济发展，因此当时主张施行"仁政"的思想家，都将"毋夺民时"、"薄税敛"作为一个重要的政治问题。

第二章 传统家庭的奠基：秦汉时期

文君夜奔，是一个大家很熟悉的爱情故事。西汉时期，蜀地富商卓王孙的女儿文君，出嫁不久即守寡在家，在宴会上与宾客司马相如一见钟情，未经父亲的允许，就与司马相如私奔。由于司马相如贫病交加，两人没有生活来源，文君只好当垆卖酒，最终在亲戚的劝说下，岳父卓王孙回心转意，承认了两人的婚姻关系，并且资助了女儿一大笔嫁妆。后来司马相如声名鹊起，卓王孙甚至后悔没有早点把女儿嫁给他。然而司马相如做官后，一度生厌旧之心，准备纳茂林女子为妾。于是卓文君写下《白头吟》，表达自己的哀怨之情，以求夫君回心转意。

这个婚姻故事体现了两汉家庭史的重要特点：一方面，两汉时期的传统家庭获得了初步发展，儒家文化的夫妇之道、孝悌之礼开始影响到家庭生活中的夫妻关系、父子关系；分家有了规定的程序，逐渐成为普遍的习俗；以家庭为单位的"小而全"综合经营的小农家庭生计模式逐渐定型。另一方面，这一时期的女子在婚姻和家庭中仍然有比较多的自由，与丈夫三妻四妾同时，离婚或寡居妇女再嫁者也大有人在，社会并不歧视再嫁女子。

家庭规模与结构

西汉时期的家庭结构大体承袭了秦代，小型核心家庭依然是居于主导地位的家庭形态。"虽不见得限于父子两代的核心家庭，（但）兄弟通常是分居的，平均家庭人口不超过五口。"杜正胜将这种小型化家庭称为"汉型家庭"。秦汉家庭规模较小，意味着当时绝大多数家庭的结构比较简单。不过，家庭结构与家庭规模都因社会经济地位的不同而有所差异，虽然联合家庭在处于社会经济底层的普通农民阶层中难以见到，但在上层社会和富人阶层中则时有所见。上层社会的绝大多数家庭，家庭关系与普通民众家庭相比要复杂得多，其规模往往远远超出了人们设想的"五口之家"的标准常数。

婚姻与夫妻关系

秦汉流行早婚。当时男子初婚普遍在 14～18 岁之间，十三四岁至十六七岁则为西汉时期女子的正常初婚年龄。汉代青年男女结婚，比较讲究长幼有序，通常都是兄姊先结婚，弟妹不得先娶先嫁。秦汉双方结婚的年龄，通常是丈夫稍大，妻子略小，这在当时似乎已成通例。在汉代，丈夫通常长于妻子 1～4 岁。皇室、贵族、官僚和富裕男子往往多偶，他们与原配妻子的年龄相差不大，与其他妻妾却常常相差甚大。如果是丧妻再娶，夫妻双方的年龄也相差较大。

秦汉婚姻，总体上说要求谈婚论嫁谨慎地选择良善之家，所谓"谨为子孙婚妻嫁女，必择孝悌世世有行义者"即是。不过，在选择婚配对象时，仍有一些具体的取向和标准，大抵要考虑家世地位、家庭财富、本人相貌、才能和品德等因素。秦汉时代的青年男女结婚，都要遵循"父母之命"，借助"媒妁之言"，为儿女操办婚事，通常也是家长们应尽的职责；但从史料中的相关记载来看，当事人的意愿仍然受到一定重视。

婚礼大体上遵照"六礼"而行。当时结婚似乎很重视占卜。议婚之后男家要问名占卜，其目的不只是卜问是否同姓，还要卜问这桩婚姻是否吉利；婚期的确定也要通过占卜，选择一个吉日良辰。秦汉时期逐渐抛弃了"婚礼不贺"的礼俗，一改过去庄严肃穆的结婚气氛，结婚之日，不论贫富贵贱，都是尽其所能大事铺张，盛设筵宴。婚俗的这种转变导致了嫁娶奢靡之风盛行。早在西汉中期，嫁娶之中侈靡过度和逾制的现象就已受到统治者关注。虽然有识之士不断提出批评，皇帝也屡次下诏禁止，但这种不良风气愈演愈烈，且由社会上层蔓延到平民百姓，成为普遍的陋习。另外，春秋战国时期尚有较多残余的对偶婚、伙婚和烝报等落后婚姻形式，随着儒家伦理影响的扩大，秦汉时代这些落后习俗逐渐被革除。

秦汉时代人们对于性生活似乎比后代要开放一些。

汉代似乎还将性知识堂而皇之地列为青少年教育的内容之一。在上流社会，将春宫图画列于新婚夫妻的房中，似乎是一种习俗，以图画为传播性知识的载体，虽然比较直观，但无法详尽其意。事实上，当时也有些著述专门论说其事。马王堆汉墓出土文献中有很多医书，其中如《十问》、《合阴阳》、《杂禁方》、《天下至道谈》等，都大量涉及性生活技巧、注意事项，以及房事与养生的关系等问题，有的讲得非常具体、细致而且深入。在秦汉时代，人们因考虑到后代和夫妻本人的健康，是反对漫无节制的夫妻性生活的，只不过由于当时文化条件的限制，往往通过各种带有浓厚巫术迷信色彩的禁忌来加以节制。

秦汉家庭对生育子嗣非常重视，形成了一系列技术、习俗和禁忌。已经有了较为系统的理论与经验技术，最集中地见于《胎产书》的论述。对于那些经济并不宽裕的普通家庭来说，怀孕产子既是喜事，又是一种负担。汉代政府对产子和即将产子的家庭，予以一定的蠲免乃至一些补助。生子不举现象的大量存在，折射出当时许多家庭生育迷信之重和经济生活的艰难。

在整个秦汉时代，婚姻生活尚未受到严重禁锢，离婚和再嫁也有较大的自由度。文献反映，秦汉时代，妇女在离婚过程中已处于劣势地位。根据儒家伦理（特别是妇道伦理）而制定的"七出"（不顺父母、无子、淫、妒、恶疾、多言、窃盗则出之），在汉代已成为丈夫休妻的几种正当理由。妻子忌妒是被休的重要原因之一，因被认为对老人照顾不周、不够恭敬或者不受婆婆喜爱而遭离弃者亦多，偷盗也是出妻的重要理由，因为口舌或者兄弟妯娌矛盾而出妻的例子也不少，因为无子被休也常见于史册。但是，一些人为了攀附权贵而休妻，即使在当时也不为舆论所许。虽然秦汉时期离婚以丈夫休妻居多，妻子处于弱势地位，但当时妇女的地位似乎仍未降至历史最低点，不仅丈夫可凭多种理由休妻，妻子或者妻子的家长也可以由于不同原因而主动提出离婚。从当时文献记载来看，妻子主动提出离婚，大抵有以下几大原因：一是由于夫家贫困，妻子不愿意一起受穷，朱买臣之妻弃夫而去即是这方面的典型；二是嫌丈夫平庸无才或者品行不端，想另求贤夫；三是因丈夫身患恶疾，无法一起生活，汉武帝的姐姐阳信长公主因为前夫曹寿患有恶疾而离婚，后来又嫁给了名将卫青；四是无法忍受夫家的恶习秽行而提出离婚；五是女方为了另攀高枝或求取钱财而强行与丈夫离婚之事。汉代甚至还有一女许嫁多家，嫁而后离的骗婚现象。可见，秦汉时代的婚姻并不如想象的那样牢固，男女双方都可以种种理由提出离婚。

秦汉时代，夫妻离婚之后，出妇依例皆遣归本家，无须举证；丈夫去世后，如果没有生育子女，寡妇通常也回本家居住。出妇和寡妇归居本家之后，通常由父兄长辈做主再图改嫁。其时，女子并不以多次改嫁为羞耻，多次再嫁者大有人在。有时，寡妇还带着子女一起再嫁，在民间，这类情况相当普遍。随母一起进入继父家的子女并不受到严重歧视，且享有继承继父家产的权利。

8 家庭中的人际关系

秦代和西汉前期，亲情比较淡薄，亲属关系比较疏远，并且被当时的有识之士视为一种必须加以匡正的社会恶俗。自汉武帝"独尊儒术"以后，儒家思想成为正统，家庭伦理逐渐受到强调，愈来愈成为主流的观念意识，家庭内部和亲属之间的关系有所改善。在中国历史上，两汉时期大概是最强调廉让、孝悌的，而且当时还不只是停留于空言风教，而是与官吏选拔制度密切配合。这种积极推崇儒家家庭伦常并与官吏察举相结合的政治，对两汉时期的家庭关系，包括财产关系，自然发挥了一定的影响力和调节作用。但是，单纯推行所谓"德化"，实际社会功效历来都是非常有限的，过分推崇孝悌廉让的结果，是造成了两汉社会矫情伪饰之风的炽盛。

在婆媳关系方面，因婆媳矛盾而导致离婚的现象不少，汉代乐府诗《孔雀东南飞》中焦仲卿和刘兰芝的婚姻悲剧就是由婆婆一手造成的。

在秦朝，孝作为家庭伦理的内容之一，亦为统治者所用，并未遭受排斥。汉代则是多管齐下地贯彻尊老养老的孝道精神，除继续以法律手段保护老人利益之外，更注重道德教化和利益诱导。随着儒家正统地位的确立，《孝经》中所提出的"以孝治天下"的统治理念，在汉代政治中得到了充分实践。汉代"以孝治天下"，大体体现在以下两方面：一是通过推举"三老"、"孝悌"等等，在基层社会大力提倡孝悌德行；二是通过察举孝廉，在官吏选拔制度上为"以孝治天下"提供保证。汉代社会形成了较为普遍的重孝风气，并在家庭的养老送终和祖先祭祀等方面得到了具体实施，对老人的孝敬首先落实于家庭对老人的"孝养"，使之安度晚年。两汉史籍中记录了不少孝行故事，其中关于孝养的故事，多数是讲述孝子贤妇如何孝养母亲、公婆；讲述贫家孝子如何勤苦谋生，奉养老母，如何在家计不足时宁愿自己吃苦受累也要保证父母的衣食饱暖；讲述子媳如何克服困难，想方设法满足父母的生活需要，包括某些特殊生活嗜好；讲述父母生病时，孝子如何尽力奉养。继子与继母的关系历来难以融洽，汉代亦然。关于此点，前已述及。但按照礼法习俗，为继母养老是继子的责任和义务。

4 家庭财产的析分

秦代家庭的财产所有权是很明确的。分家之后，即使是父子之间，财产也是明确分开的，这种家庭财产私有权不仅为社会所普遍接受，而且得到了国家法律的确认。一旦"分家析产"成为一种普遍的社会习惯，小家庭各顾私利，父母、子女、兄弟互不相恤，甚至因为争夺财产而发生严重冲突，恐怕就是势所难免的了。这种恶俗，在西汉初期非但没有改变，而且似乎有愈演愈烈的趋势。由于私利驱动，西汉时期，"生分"现象即父母健在，兄弟分家的情况，在不少地区相尚成俗，因而遭到了班固的批评。

"分家析产"需遵循一套法律（或者参以习俗）的程序。当时分家一般遵照"先令"（先人遗嘱），有"乡部啬夫"参与作证，并立下"券书"，如发生财产争议，以"券书"为准。新分出的家庭自当另立门户，同时还需经过国家户籍登记，成为一个新的"编户"。登记后的新户，在法律上得到国家正式承认。当时兄弟（或其子嗣）分割家产是以均分为习惯原则的。值得注意的有两大特点：一是秦汉时代的女子对父母的财产也有一定继承权，比如大家都熟知的卓文君故事。二是财产继承不论嫡庶，同父异母者继承权是同等的，甚至同母异父者似乎也享有相当的继承权，即继子可以继承继父的财产。

5 家庭生计

根据湖北云梦睡虎地出土秦简《日书》和汉代文献记载，大体上说，秦汉时代普通家庭的房宅有堂（又称宇或室）、有房（又称为内）。堂是家庭的公共活动和会客场所，房则是卧室。普通标准家庭住宅的结构，可能是"一堂二内"，房舍的布局以堂居中、房居两侧、平面呈一字形者居多。秦汉人的坐姿通常是跪坐，或坐于枰、榻，或席地而坐，没有后代那样比较高大的桌子，但一般家庭可能都有几个用竹、木做成的小几案，用于摆放日用物件，特别是用于摆放食物和食器。与后代在一张大桌上共食不同，当时进餐常是分案而食，人所习知的梁鸿之妻"举案齐眉"的故事正说明了这一点。床榻，形制多种多样，为汉人最主要的寝卧用具和坐具，与后代用具颇有不同。北方的床为木制，南方的床常用竹制，大小不一，通常为八尺，也有可供多人共卧的大床；比较讲究的床还设有屏扆和栏杆。

秦代和西汉前期，一日两餐仍为平民百姓家的通常食制。在农忙季节或从事强体力劳动时则实行一日三餐。秦汉家庭的饭菜种类和烹饪方法，都与现代颇有些不同。当时的主食主要有饭和粥，南北都是如此。但北方用的是粟米、麦子和豆子，南方则主要是稻米。汉代已经有面食，当时文献已经提到了多种"饼"类的名称，包括从西域传来的"胡饼"，但还没有普及开来，因此麦子并不都磨粉做面食，而是常常做成麦饭食用。

当时的主要衣料，有丝织品、麻葛织品和动物毛皮。穿着丝织物的主要是富贵人家，普通百姓即使偶尔有之，也是劣等的织物。麻葛和动物毛皮则是各阶层都穿，但质料有很大差别。其时人们穿着的衣服，上曰衣、下曰裳。秦汉人头戴冠帽帻巾。但根据礼法，戴冠有明确的社会等级身份限制，并且是成年以后戴冠，未成年人和普通百姓是不戴冠的。

东汉人崔寔在总结家政管理经验的基础上，将月令精神贯彻于家庭，撰成《四民月令》一书，是为中国古代最早的一部采用月令图式编写、用以指导家政安排的家庭生活通书。

秦汉时代是个体农民家庭生计模式的定型阶段。

这种生计模式的基本特征是：生产和消费均以家庭为单位，生产规模狭小，但生产内容和项目多样化，是一种"小而全"的经济体。从事"小而全"的综合经营，不仅可以多途径地获得经济收益，而且可以尽量降低家庭经济风险，使家庭生活不至因某项生产的失利而无法运转。规模狭小作为小农家庭生产的一个基本特征，首先表现在农民家庭的土地占有和经营规模狭小上。秦汉小农家庭所拥有的土地，尽管绝对数量有较大差别，但大体上保持在自家劳动力所能经营的范围内，生产收入除交纳赋税之外，大多仅能维持基本生活需要。为了使家庭不致忍饥挨饿，农民不得不根据家庭劳动力和生产资料条件，在有限土地上辛勤耕耘，并通过多种方式获得其他收入，以弥补耕种的不足，从而形成了农家生产以种植为主、多种经营、综合运筹的经济特点。在秦汉时代，"男耕女织"的家庭劳动分工模式进一步得到强化，成为普遍的社会现实，并通过"牵牛"和"织女"两个星象的名称，在民间传说中得到演绎和诠释。

从两汉的文献记载来看，铁制农具和牛耕在中原地区已经得到普及，并逐渐向周边落后地区传播。耕牛是大型役畜，汉代牛耕是"二牛抬杠式"，即用二牛拉动一个犁具进行耕作。是否大多数农家都单独拥有成套的耕牛犁具，还不能肯定，也可能是几家合用，但以牛耕地至少在中原地区已经成为普遍情况。汉代农家除耕牛和犁具之外，一般都拥有铁制的锄、锹、镰刀等挖土、中耕和收获工具；北方某些地区还使用了先进的播种工具——耧犁。北方地区的土地耕作已经走向精耕细作,垄作法、代田法逐渐推广,一种针对北方自然环境、集中进行肥水管理的高度精细的农作方法——区田法也被发明出来,提高了单位面积的产量。

汉代的种植业是一个包括众多粮食、蔬菜、衣料和果木在内的栽培体系,众多的栽培种类,为农民提供了多样化经营选择的可能性。种植业的主要内容是粮食生产。秦汉时代的主要粮食作物还是粟、麦、稻、菽、黍、麻等,但不同作物的地位较之前代有所变化。大体上,北方地区以粟为主,南方地区则主要种植水稻。蔬菜种植也很重要,某些产量高、生长快的蔬菜(如芜菁),在当时被当做重要救荒作物。衣料作物种植包括桑树、麻类等,还有茜草和蓼蓝等染料作物栽培。在通过种植麻类和栽桑养蚕获得足够的原料之后,纺织工作则由妇女承担。秦汉农民的家庭生产,总体上说是一种"生存经济"或者"糊口经济",产品主要是为了满足自家生活需要。但汉代商业是比较发达的,农产品市场交换相当活跃。

汉代农民家庭的必需开支项目,与战国时代相比没有太大变化,仍然主要包括如下几项,即:饮食开支、衣物开支、赋税开支、社会交际开支、非常开支(包括婚姻、丧葬和医疗等方面的开支等)。在所有这些开支中,赋税支出约占12.6%,宗教祭祀等社会活动支出占近9%,衣服和食物则分别约占总开支的50%和28%。在两汉时代,嫁娶、丧葬讲究侈靡,上行下效,竞相矜夸,乃是一种普遍的社会风俗,也成为许多家庭难以承受的沉重负担。此外，频繁的自然灾害和苛重的赋役压榨，常常导致百姓大量流徙，妻离子散，朝不保夕，极为窘迫。

秦汉时代，一个人由婴儿到成年，要经过婴儿、孺子、悼、幼、童五个成长阶段。子女教育从教育方式来说，主要有家内教育和学校教育两种。中国传统时代"严父慈母"的子女管教模式在这一时期已经确立下来。更重要的是，自汉武帝"独尊儒术"、设"五经"博士以后，在主流社会的子女文化教育中，儒学逐渐成为主要内容，期望子弟通过研习儒家经典谋取官位利禄，成为众多家庭的新理想。在中国古代文化传承、发展中产生了极其重大影响的"家学"，在西汉时期也逐步兴起。秦汉家庭对子女的教育，从其呱呱坠地开始，一直延续到成年之后。一些家庭甚至是从胎教开始的。但接受正规的文化教育，主要是在幼童（7~14岁）和成童（15~19岁）阶段。在少年儿童成长期的教育中，父母自然要担当主要责任。秦汉家庭的子女教育延袭传统的"严父慈母"模式，父亲通常比较严厉，在子女面前扮演立规矩、施责罚的角色。汉代以后，特别是到了东汉时期，随着儒家正统地位的确立，孝悌礼法日益得到强调，在一些上流社会家庭开始形成了严整的家风。汉代上层社会有文化的人士，除了日常生活中的言传身教之外，还常常以"诫"、"训"等文字形式对子女进行教育。普通百姓家庭的子女教育方式，主要是通过日常的言传身教，教育的内容自然也是既包括为人处世的道理，也包括日常生活技能、知识和行为规范。

第三章 传统家庭的发展：魏晋南北朝时期

提起魏晋南北朝，大家印象最深的应该是不拘礼法的"名士风度"。但实际上，士族家庭的家学与礼法传承，恰恰是这一时期家庭的重要特色。社会等级壁垒森严、门第观念强烈则是这一时代家庭（特别表现在婚姻方面）的基本特征。士族之间根据门第高低世代联姻，选妇择婿都以高门士族为荣。东晋梁朝叛将侯景曾向高门士族攀亲，要求晋武帝替他向江东望族王家、谢家求亲。然而武帝回答他说：王家、谢家都是高门士族，你的地位和他们不般配，建议你在朱家、张家以下的门第求亲吧。侯景以此为奇耻大辱，怀恨在心，发誓一定要将这些士族子女拿来配奴仆。这反映出当时社会上一种普遍的婚姻观念，高门大姓不愿意与寒门通婚，即使自己家境窘迫，而对方家道殷实、政治上很有权势，也不愿打破门第的樊篱。如果士族出身的朝廷官员因为贪图利益而"结婚非类"，不仅会受到同僚的耻笑，还会遭到弹劾。《昭明文选》中收录了一个故事，士族王源将女儿嫁给家世不够高贵的富阳满璋之子，收取了五万聘金。遭到沈约的弹劾，认为他辱没了祖宗，也辱没了同流士族，请求皇帝将他罢官并禁锢终身，以示此风不可开。

家庭规模与结构

自东汉开始，家庭结构开始出现某些异动，家庭规模也呈现出逐步扩大的迹象。一方面是豪强地主控制下的没有独立户籍的依附人口逐渐增多；另一方面是兄弟婚后继续与父母同居共籍，因符合儒家所提倡的孝悌伦理，逐渐得到了国家的默许。累世同居共财在魏晋以后还被视为孝悌伦理的榜样，受到社会舆论赞扬和国家表彰。以"家风"自我标榜的士族往往刻意维持大家庭是可以想见的，家庭人口达到"百口"的固然很少，但数十口人在一起生活的三世、四世同居家庭则可能比较常见。但在民间社会，魏晋南北朝时期的平均家庭规模，仍在"五口之家"这个标准上左右摆动而并未偏离太远。北方比南方家庭规模略大一些。具体来说，文献中不断出现"千丁共籍"、"百室合户"以及"累世同居"之类记载，表现出宗族或家族对家庭的控制明显增强，个体家庭的独立性则有所减弱。

与两汉相比，这个时代，有更多的人幼年丧亲之后由叔伯或外家收养，更多的老人在丧子之后由侄子或其他近亲赡养。这使得同室居住、同灶炊饭的家庭成员，常包含有非直系的亲属，亲属关系要更复杂一些。

婚姻与夫妻关系

这个时代的婚姻状况表现出如下几端：一是门第等级观念逐渐强化，婚姻关系的缔结受到社会等级制度的严重影响，身份制婚姻盛行，在婚配对象的选择方面，人们更加重视家世门第和等级身份而非其他。二是婚姻关系更加复杂，异态婚姻相当多见，甚至出现一夫二妻、嫡庶不分的情况。三是初婚年龄普遍偏小，士庶阶层都流行早婚；同时，结婚礼仪较前代有所简化。四是由于社会动荡，婚姻比两汉时代更加缺乏稳定性，因环境所迫或乱离失散而导致离婚和再婚的案例显著增加。

魏晋南北朝时期，由于儒家礼教的束缚相对较轻，青年男女享有较多的婚姻自由，所以有些人是自己挑选嫁娶对象——不但可以是男方主动，也可能是女方主动。另外，母亲甚至祖母在子女婚姻，特别是嫁女方面具有较大的决定权。在当时，人们固然希望与富贵之家结亲，但一些有见识的人鉴于政局多变、势家易败的社会现实，出于对子女及整个家庭的安全考虑，拒绝与一时显贵但隐藏着潜在危机的人家通婚。不过，婚姻重视门阀，嫁娶必求旧姓，仍是一种普通的社会现象。自西晋以后，中国社会事实上普遍存在着一种由家世门第决定的等级内婚制。大体上，南方自东晋开始，延及宋、齐、梁、陈，以重门第为特征的士族等级婚姻持续盛行；北方地区十六国时代情况缺少记载，而自北魏以后，直到北齐、北周，婚姻重门第亦成普遍风气，其程度与南方相比，甚至有过之而无不及，只是考量标准有所不同而已。

男婚女嫁自然要准备大笔钱财，男家备办聘礼、举行婚礼仪式都要花费很多，这自不必说；女方家长为了不失体面，也要准备相应的资装。当时嫁女娶妇索取和资送大量财物的风俗，似乎并不亚于两汉。当时不但重聘礼，而且厚"资送"（即重办嫁妆）。不但皇室贵族嫁女要厚送资装，普通人家也要尽力而行。有些人因家庭贫困，岁数老大仍不能结婚，还得靠亲友帮助才能完成这件人生大事。

早婚在魏晋南北朝时期是一种普遍习俗。上流社会大多数人在15岁前已经结婚，不满10岁就结婚的情况也颇为不少，在皇室成员中尤为多见。当时普通民众的初婚年龄，比较保守地估计，大体普遍是男子15～16岁，女子13～15岁。

由于自汉末大乱之后，社会长期处于非正常状态，导致了许多异态家庭的出现；兼以外来文化包括游牧文化和佛教的影响，传统儒家礼法也受到了各种挑战，即使在士人官僚阶层，结婚不依儒家礼法的现象也大量存在。出于安定社会和巩固统治的需要，当政局初转安定之后，各个王朝都试图利用儒家礼法来规范社会上的婚姻礼俗，有些朝代也试图对儒家婚礼程式进行重新整理和规定。

虽然夫妻之间是一种夫主妻从的关系，妻妾之间也是一种类似于君臣的主从关系，但是，在魏晋南北朝时代的家庭中，夫妻和妻妾之间的关系是相当复杂的，远非礼教所规定的那样简单。魏晋南北朝时期，妇女受儒家礼教的束缚较轻，北方社会由于少数民族风习的影响，女性更加开放，既具有较多社会交际自由，在家庭中的地位亦似乎要高一些。在北方社会，妻子不但主持家政，还参与外部事务。当然，总体上说，魏晋南北朝时期的夫妻关系依然是夫主妻从。同样，由于当时儒家礼教的束缚力量较弱，兼以少数民族文化习俗的影响，妇女拥有较多的社交自由，丈夫们似乎过得不如其他时代舒心安逸。妻子与人私通或者丈夫养外室的事例，在上流社会屡见不鲜。有的因此离婚，有的甚至夫妻相残，门庭之中鸡犬不宁。由于夫妻彼此不忠或者其他原因，一些家庭中的夫妻关系长期不睦，甚至形同水火，家庭暴力不断发生。

在上流社会和富有人家，妻妾矛盾也是家庭关系中的一个严重问题。妻妾矛盾当然主要是围绕争夺对丈夫的性权力和家庭地位而展开的。妻子在家庭中拥有较大的权力，在许多情况下甚至可与丈夫分庭抗礼，妾虽多因年轻美貌而受丈夫宠爱，但往往不被当做家人看待。一旦夫君先亡，妾在家庭中就更加没有地位，很可能被剥夺作为家庭成员应有的权益。在妻妾矛盾中，妾通常处于劣势地位。如果遇到性格嫉妒、狠毒的主妇，她们的下场往往十分悲惨。

魏晋南北朝时期，天下板荡，不仅导致众多家庭生计维艰，而且致使婚姻形式复杂多样，出现了许多异态婚姻现象。在历史上极少发生的重婚现象，这个时期的文献却不时有所记载。这里所说的重婚现象，与通常情况下的富贵人士一夫一妻多妾不同，而是两个甚至两个以上妻子并嫡。此类一夫二妻现象，大多是由于社会混乱、夫妻离散，或者皇帝赐妻等所造成的，但也有一些是由于本人想重婚数娶。这种二妻或数妻并嫡的情况，不仅对传统礼制是一种严重背离，造成嫡庶不分，也增加了家庭内部的矛盾。在一夫二妻家庭中，二妻地位的高下多取决于各自娘家的势力。不仅二妻之间关系扞格，还连带众子女彼此相视如仇人，家里常闹得鸡犬不宁。

尽管儒家向来主张夫妻双方"壹与之齐，终身不改"，但离婚在古代始终是一个常见现象，魏晋南北朝时期也不例外。在上流社会的家庭中，因为没有生子、不孝敬老人等原因而离婚的例子时有发生，不过不如两汉时代那样多见；由于政治原因而导致夫妻离婚的情况却颇为不少。丈夫贪恋美色而遗弃发妻的例子，文献也有所记载。北方社会因受胡人风气影响，女人地位较高，妻子在家里也显得比较强悍，对丈夫纳妾多加干预，这反而使得丈夫往往在外另求新欢，由此而导致离异的情况似比南方社会更为多见。对于普通民众来说，离婚同结婚一样是非常困难的事情，在正常的社会状态下，普通民众夫妻离婚的概率远比上层社会要低；而在魏晋南北朝这样一个动荡丧乱时代，因战争、灾荒而导致买妻鬻子的情况，则必然多于和平时代。

魏晋南北朝时期，如果夫妻离婚或者一方亡故，通常会再婚——男子再娶，女子则再嫁。从史书反映的情况来看，在上流社会，男子休妻或妻子亡故之后，一般都会再娶，少有例外。在这个时期的正史中，有大量关于妇女在夫亡之后义不再嫁、甘愿终身守寡服侍公婆的记载。但是在实际生活中，夫亡妻不改嫁者恐怕是少数，普遍的社会习俗则是夫死再嫁。丈夫死后，不但妻子往往再嫁，其妾亦然。不过，由于妾的家庭地位低下，与财产无异，其命运更不能由自己做主，很可能被亡夫的子弟买掉。同两汉一样，魏晋南北朝时期的男人不甚介意娶一位弃妇或寡妇进门，上流社会的男子中也颇有娶他人弃妇或遗孀者。

3 家庭中的人际关系

魏晋南北朝时期，尽管许多家庭生计艰难，但为了延续血脉和维持门户，仍非常重视添丁增口。围绕子女生育，当时家庭采取了许多充满神秘色彩的巫术方法。魏晋南北朝时期的节育技术尚不发达，家庭生育的频率相当高。在那些经济富裕、妻妾众多的家庭中，产育更是常有的事情。新生婴儿通常由母亲哺喂，但富贵人家往往花钱雇人代哺，代哺者多为民家妇女，时称"乳人"或"乳母"。富贵人家子女哺乳时间比一般家庭的婴儿要长一些，或至数岁仍由乳母喂养。值得注意的是，当时南方地区已经出现了"抓周"的习俗，时称"试儿"。

在魏晋南北朝这样一个丧乱之世，大量的幼儿因年幼丧亲而失去了呵护。经济条件稍好的家庭,母亲去世之后,父亲往往续娶,后母虐待前妻子女现象屡见不鲜。倘若父亲早丧,立志守寡的年轻母亲可能会终身含辛茹苦,独自承担对子女教养之责;年幼失怙的孩子由叔伯兄长抚养成人的例子也很常见。

魏晋南北朝时期的养子,可以分为几种情况:一是同姓收养,二是异姓亲戚收养,三是异姓非亲戚收养。通常情况下,同姓收养和异姓亲戚收养,多因收养者无子,希望养同族或亲戚之子为继嗣,是生者和养者协商的结果;异姓非亲戚收养,大多亦因收养者无亲生子,为门户和养老计,乃通过买卖方式收养婴幼儿,有时也收养他人弃婴或遗孤。在魏晋时代,养异姓子为后是法律所不允许的。

魏晋南北朝时期,宗族和家族力量强盛,国家专制权力削弱,兼以最高统治集团篡位成风、杀伐不已,统治者为了维持政权稳固和社会安定,需要继承两汉传统,更强烈地标榜"以孝治天下"。在这种强力提倡孝道的社会政治氛围下,养老送终在许多家庭中受到了更大的重视,老人也被放到了更重要的位置上。但由于当时社会动荡、民生多艰,家庭(特别是那些贫困家庭)在养老送终方面,也遇到了比安定时期更大的困难。尽心尽力让老人获得最好的物质生活享受,同时心情舒畅、精神愉快,乃是孝养的基本要求。为了让老人免于孤寂、安度晚年,一些士人拒绝朝廷辟召或者弃官归家,承欢膝下,亲自奉养。这在当时是一种受到赞许的孝行。

魏晋南北朝时期，尽管厚葬之风在社会上层亦曾间歇流行，但由于长期的社会动荡和经济萧条，这一风气受到了遏制。尽管当时有识之士提倡"薄葬"并且身体力行，在士人阶层中形成了一定风气，但并不是很多人都能自觉做到，达官权贵阶层的丧葬仍然相当靡费。尽管让死亡亲属入土为安是家庭的一个基本责任，历代都极受重视。然而，魏晋南北朝时期，天下迭经丧乱，兵祸连年，人民流徙，家庭残破；兼以政权分立，交通阻断，给当时的丧葬带来了许多特殊困难和问题。由于社会动荡不安，残破、重组家庭大量增加，导致亲属关系复杂化，这也给当时家庭治丧带来了一些新的问题，许多人在如何"服丧"的问题上感到迷惘和无所适从。

父子关系上，作为父母，当然希望儿子有出息，但现实往往难以尽如人愿。如果儿子不成器，父亲无疑会非常失望，父子关系自然也会受到影响。如果父亲纳妾、再娶或母亲再嫁，家庭之中就会产生嫡母、庶母与嫡子、庶子关系，继父母（特别是继母）与继子女关系，以及子女与出母之间的关系，等等，父母与子女关系就变得相当复杂，也更容易产生利益冲突和家庭矛盾。其中继母与继子的关系尤其容易出现问题。文献关于孝行和列女的记载，有不少是关于妇女在丧夫之后如何励志守节、精心鞠养和训导儿子，而儿子又如何孝养其母，其中有相当一部分是关于继子如何孝顺继母的。在魏晋南北朝时代的家庭中，如果父亲不在世的话，母亲对于子女拥有很高的权威，对子女和家庭事务具有相当大的影响力。

在这一时期的文献中，关于婆媳关系的记载和讨论甚少。诸书《列女传》往往述及妇女勤俭持家、孝养姑舅，但多为空洞言论。在当时家庭中，婆媳关系不睦，婆婆虐待儿媳、儿媳伺机报复乃是常有的现象。一些人家的儿媳因家庭矛盾而被休弃，过错往往在于婆婆。

魏晋南北朝时期，由于特殊的时代原因，累世同财共居的大家庭有所增加；同时，由于当时破碎和重组家庭较多，很多人在幼年丧亲之后由叔伯、兄嫂或外家收养；一些人多次娶妻，也造成了许多同父异母的兄弟姐妹。这样一来，亲属关系变得较为复杂，不同情况的兄弟关系，以及由此而连带产生的娣姒（妯娌）关系和子侄叔伯关系等，在家庭中凸显出比其他时代更为显著的重要性。事实上，由于社会动荡，单个家庭的生活风险比安定时代要大得多，更加需要亲族之间互相扶持，即使已经分家，亲族兄弟和叔伯子侄之间的联系也比其他时代更为密切。当时史书记载了不少大家庭兄弟友爱、家庭和睦的例子，其中北魏时期的杨氏、卢氏和崔氏堪称典范。在兄弟及其连带的亲属关系中，经济和财产关系乃是核心。累世同居大家庭的核心问题，是如何处理好家庭财产关系，做到真正"同财共爨"，公平地共享家庭经济利益。魏晋南北朝时期，南方社会的兄弟关系和亲族关系比较疏薄，不同家庭在经济方面比较独立，北方社会的兄弟亲族关系则相对密切一些。

这一时期，家庭与家庭之外的同族宗亲间的关系，远比秦汉时代为密切。在当时动荡的社会局势下，宗族和家族作为基层社会的组织力量，为民众提供了安全保障。而与此同时，宗族和家族组织对个体家庭的控制和束缚力量也大大增强了。为了协调宗族内部的利益关系，维护宗族内部团结，宗族首领往往制定禁令誓约。大量的百姓家庭并不直接受控于国家权力，而是处于宗族和家族组织的庇护之下，不具备汉代家庭那样的独立法律地位，所谓"千丁共籍"、"百室合户"正是对这种社会现实的概括。魏晋南北朝时期，人们对"家"与"门户"的理解远非局限于个体家庭，而是着眼于整个家族乃至宗族。

4 家庭生计

魏晋南北朝时期，由于一系列社会历史变动，家庭生计模式和生活内容较之两汉也发生了一些新的变化：其一，随着南方经济取得长足发展，以水稻生产为经济基础的"南方型"家庭生计模式最终形成，渐与以旱作为主的"北方型"生计模式相匹敌；其二，由于游牧民族的大量涌入，北方地区的经济结构发生了显著变动，"北方型"的家庭生计体系相应地做了若干值得注意的调整；其三，技术进步和外来文化的影响，给家庭生活带来了一些新的内容，日用生活设施、起居、衣食等方面都出现了一些新的现象；其四，这一时期，社会阶层和职业分化令人眼花缭乱，造就了众多特殊类型的家庭,不同家庭的谋生方式和生活状态都存在着一定差别;其五,这一时期,经济制度包括土地、赋税和徭役制度等,经历了数次重大调整,对普通民众的家庭生计和日常生活也产生了重要影响。但是,这个时期,由于战祸连绵,政治动荡,生产萧条,人民生计艰难,家庭经济和物质生活总体上不如两汉时代充裕和稳定。

这一时期,虽然家庭的独立性减弱,但个体农民家庭的主导地位并未根本动摇,具有独立经济的小农家庭仍然是大多数,其基本生计模式也没有根本改变,只是在经营策略和生产项目等方面有所调整。最能全面反映这个时代农民家庭生计策略的历史文献,莫过于贾思勰的《齐民要术》。关于"治生之理",即家庭经营和生产、生活消费的原则与方针,作者反复强调"勤力"、"节用"对增加收入和维持生计的重要性。生产经营要"顺天时,量地利",并强调精耕细作和集约经营。至于"以农治生"的策略,《齐民要术》的主张是多种经营、综合发展和灵活应变。

当时北方农民家庭经济生产的内容,与前代相比发生了不少变化。从种植业方面来说,在当时的粮食生产中,麦类种植的地位有所提高,南方仍旧以水稻为主粮。衣料的生产,南北地区也存在较大区别。南方(除蜀地之外)的蚕桑生产刚刚兴起,衣料生产主要是麻类种植,栽桑养蚕远不如北方地区普遍。

北朝时期,北方地区的农牧结构发生了重大变动,具体表现是:畜牧区域向内地明显扩张,大型国营和私营畜牧业一度相当繁荣，农耕地区的家庭饲养规模也有所扩大，羊取代猪成为主要肉畜等。这些变动，对当时北方农民家庭的生计产生了显著影响。由于养羊甚多，羊乳生产和乳品加工也就成了一些家庭的重要经济项目。这一情况，与两汉北方农民的家庭生计相比，显然有了较大的改变。

由于长期的战争动荡，魏晋南北朝时期的社会经济整体衰退。各种文献所透露出来的信息显示，这一时期的家庭生活水平也明显下降。由于国家沉重的赋税徭役剥削，导致江南农民家庭极贫；在经济尚属富裕的蜀地和江南尚且如此，其他地区特别是战乱持续甚久的北方，百姓家庭的经济境况可想而知。北方地区有许多农民家庭都没有耕牛。

与前代相比，家庭住宅的基本格局看不出太大的改变，一般家庭住宅通常仍由堂屋、内室、厨房、厕所等部分组成。但由于经济条件不同，富贵与贫贱人家的住宅与前代一样差异很大。普通民众家庭的住宅，不论南北、城乡，俱是版筑成墙，覆以竹、茅，十分简陋；居住造价高昂的砖瓦房乃是富贵人家的特权。最值得注意的是，由胡地传入的"胡床"，汉代使用尚少，而在这个时期则逐渐流行起来。胡床是起源于游牧民族的一种坐具。其坐法是将臀部放在上面横木间绳条结成的床面上，小腿下垂，两脚放在地上。既与中国传统的跪坐姿势不同，亦与佛教僧侣的跏趺坐姿有异。随着胡床的流传和在胡床影响下新坐具的出现，中国人的坐姿逐渐发生了根本性的改变，对日常家庭生活产生了重要影响。不过，在魏晋南北朝时期，胡床仍只是一种非正式的坐具。

与两汉相比，这个时代服饰穿戴既有历史继承性，亦有许多因时代变化而发生的改易。北方人民的穿戴，由于受到少数民族文化的影响，发生了不少变化，各种胡服相当流行；南方地区则因气候和衣料生产等原因，呈现出相当显著的地方特色，与北方社会颇有差别。当时家庭贫困的官员和士人缺衣少裳、襦裤不完的情况，在史传文献之中屡有所见。这些有名有姓的官员士人尚且如此，普通百姓的情况就更加可想而知了。

就北方地区而言，这一时期饮食习惯的主要变化有如下几端：一是由于农牧结构的调整，肉类消费以羊肉为主，猪肉退居次要地位，吃狗肉的习惯基本被废弃；二是由于养羊业的发展，饮用羊乳酪在社会上层相当流行；三是主食结构发生了重大改变，磨麦制粉，做成各类饼食在这个时期逐渐流行；四是"胡食"风气盛行，当时文献所载胡食法很多。南方地区向以"饭稻羹鱼"著称，饮食习惯与北方地区差别甚大，当时南方的食品加工、烹饪技术取得了很大进步，鱼类加工、烹饪技术尤为突出，逐步形成了堪与北方饮食相抗衡的成熟而完整的饮食文化体系。这个时代，茶叶逐渐由方士和养生家的服食药品演变为寻常人家的饮料，饮茶在南方地区日益成为社会各阶层的一种普遍习惯。但当时的绝大多数家庭，包括部分清官廉吏和贫穷士人，却是茹蔬啖粝，粗食度日，甚至蔬粝难供，不得不"并日而食"。非但战乱期间如此，由于社会经济持续萧条凋败,食物严重匮乏是这个时代大多数家庭所遭遇的共同困境,即使是有一定身份地位的士人和清廉官吏,也难免饥馁之苦。

魏晋士族的礼法与家学

士族维持世传家学不衰、礼法门风不隳,最紧要的是对经术和礼法教育的持续重视。不但高门士族为了维护家世门第于不坠,极其重视对子弟的道德与文化教育;寒门素族为了有朝一日能够跻身于上流,只要稍具条件,也力图按照主流社会的道德要求标立风操,倾家竭财支持子弟求师问学。问学于家庭、不离于乡土,于是成为魏晋南北朝教育事业的主流和一个显著特点,并导致当时世传家学之隆盛,经术典籍在一定程度上为家族所垄断。两汉时代所出现的以手书训诫文字对后辈加以教导的方式,在魏晋南北朝时期得到了进一步发展,见于当时文献的"家诫"、"戒子书"之类,多达数十种。随着此类训诫文体不断发展完善,至北齐时期乃有颜之推《颜氏家训》问世。《颜氏家训》所反映的士族家庭教育思想原则和方式方法,在魏晋南北朝时代无疑具有典型性。

魏晋南北朝时期,文化教育以家庭或家族内部的长幼相授为主。当幼童成长到一定年龄时,家中的长者就要向他们传授相应的文化知识。从史传记载的情况来看,当时,儿童到了五六岁时通常已开始习诵《诗》、《书》及其他典籍,个别人在三四岁时就已开始受学，家庭的儿童启蒙教育，乃以传授儒家经典为主；稍长之后才涉猎诸子及其他方面的典籍，包括佛学、玄学、文学、史学、刑律、书法、医学、天文、术数、武学等许多方面的内容，视不同家庭的家学传承而定。

由于儒术独尊的局面被打破，老庄玄学、佛学及其他学说和道术在魏晋南北朝时期的教育中也都取得了一席之地，堂而皇之地成为私学讲授的重要内容。魏晋南北朝时期的"世传家学"，从总体来说仍多以儒家经术为宗，但也有许多"家学"、"世业"或"父业"并非皆指儒学，可能是佛、道、医、算、刑律、史学、小学、天文、历法、卜筮、医术和绘画、书法、音乐等。以儒家经术为主、兼擅旁门者颇为不少。因此对这个时代的"世传家学"，不能作褊狭的理解。这些家学术业，父子祖孙代代相传，名家辈出，既为自我门户标矜的特殊资本，亦为干利禄、求仕进、为家庭谋取生资的专擅手段。

魏晋南北朝时期，虽然儒家的独尊地位受到了挑战，但由于这一时期的士族刻意以卓异的"门风"自我标榜，借以维持门第家声于不坠，儒家的礼教仪轨实际上比两汉时代更加深入到了家庭生活内部，对人们在家庭中的日常行为举止产生了更为真切、具体的规范作用，并有逐渐系统化和规范化的趋向，成为中古士族的一个重要标志——所谓"礼法门风"是也。魏晋南北朝特别是南朝时期，礼学在儒家经学中一枝独秀，成就最为显著。

第四章　传统家庭的繁荣：隋唐五代时期

　　井底引银瓶，银瓶欲上丝绳绝。石上磨玉簪，玉簪欲成中央折。瓶沉簪折知奈何？似妾今朝与君别。忆昔在家为女时，人言举动有殊姿。婵娟两鬓秋蝉翼，宛转双蛾远山色。笑随戏伴后园中，此时与君未相识。妾弄青梅凭短墙，君骑白马傍垂杨。墙头马上遥相顾，一见知君即断肠。知君断肠共君语，君指南山松柏树。感君松柏化为心，暗合双鬟逐君去。到君家舍五六年，君家大人频有言。聘则为妻奔是妾，不堪主祀奉蘋蘩。终知君家不可住，其奈出门无去处。岂无父母在高堂？亦有亲情满故乡。潜来更不通消息，今日悲羞归不得。为君一日恩，误妾百年身。寄言痴小人家女，慎勿将身轻许人！

　　　　　　　　——白居易《井底引银瓶》

　　这首诗描述了唐代的一对青年男女，自由恋爱受阻，相约私奔，但女方没有资格为妻，双方家族都认为她不过是一个妾而已。一个好好的良家女子，只因为随爱人私奔，从此失去了为人妻的资格，侍奉公婆、丈夫五六年之久，都换不来男家的认可。她没有资格参与家族祭祀，她生的儿子也算不得夫家首选的继承人。这个故事揭示了唐代常有的一种特殊家庭形态：一个男子即使姬妾成群，甚至子女众多，只要他没有明媒正娶的妻子，就仍然保持着"未婚"的身份。没有经过正式礼法手续出嫁的女子，即使为夫家做出巨大的贡献，也仍然不被认可为这个家庭的一分子。在这样的社会风俗下，家庭人际关系自然十分复杂。

在隋唐五代，传统家庭达到一个繁荣时期。这一时期各种家庭形态都得到了发展，家庭户籍人口与实际共爨人口呈现出二元复合型特征；同时，普通民众的小家庭与官宦士绅的大家庭共存。伦理上，婚姻重门第，亲子重孝养。男子除了妻子之外，还可以有多个女性伴侣。而随着科举制度的产生，家庭教育出现了很多新特点，一方面继承了魏晋以来的家学风气；另一方面随着私塾等的兴起，礼法文化下移到了普通民众中。

1 家庭规模与结构

隋文帝时期的家庭人口政策存在一个矛盾：一方面要求三代同居的家庭必须析籍；另一方面，在开皇末年，隋文帝又对于"家门雍穆，七叶同居"的太原文水郭家公开进行表彰。这说明隋代家庭结构存在二元模式：政府把析籍与同居分开来处理。

唐代墓志资料中有关于家庭子女的比较确切的数据，可以作为研究家庭人口的重要资料。我们从5000多方墓志中搜集出486个家庭资料比较完整的墓志，做了一项统计，归纳出唐代家庭人口和生育数据。统计结果是平均每家生育有4.75个孩子，其中以子女3～4人的家庭为最多（共229个）。根据同样的资料，还能估算出当时儿童的性别比和夭亡率。综合这些数据看，唐代家庭子女生育数平均不足5个，其中男女性别比例大体平衡。父母加上3～4个孩子，假如还有一个祖父母辈的老人，唐代家庭平均人口为5～7人。[①]

唐代这个平均家口数在历史上具有代表性。《周礼·地官小司徒》："上地家得七口"、"中地家得六口"、"下地家得五口"。其基准是5至7口。郑玄注云："以七人六人五人为率者，有夫有妇，然后为家。自二人以至于十为九等，七六五者为其中。"很显然，古史记载中这个5～7口或者说平均6口的数据也正是唐代户口统计中的家庭人口平均数。

家庭的发展是一个动态的过程。社会学上有所谓"家庭生命周期"或者"家庭生命循环过程"的概念。费孝通先生在研究生育制度的时候提出了"出身家庭"和"生育家庭"的概念。一个人从出生到长大成人，生活在父母身边，这个家庭是其出身家庭；结婚后自己生男育女，这个家庭是生育家庭。出身家庭与生育

[①] 参见蒋爱花：《唐代家庭人口研究》，南开大学2004年硕士毕业论文。

家庭的关系形式，是家庭结构的重要内容。家庭结构和规模的演变，取决于男女双方出身家庭和生育家庭或分或合的关系形式。就某一个完整的家庭生命周期而言，出身家庭、生育家庭（结婚家庭）、养老家庭，就构成了该家庭生命的初期、中期、末期。唐代60岁入老，对一个男性来说，1~20岁在出身家庭里（古人出生即1岁，没有0岁的概念），21~59岁在生育家庭里，60岁以上在养老家庭里。

唐朝男性的平均寿命为62.3岁，女性平均寿命为64.2岁。[①] 当一个家庭步入晚年的时候，一般可以有三代人，但四世同堂则只有少数高龄老人或者早婚早育之家才有可能。三代之家中，第二代同样生4个子女，则这个家族会有13~14人。如果子女出嫁或者分家，则分别为7~8人（与1位或2位老人同居者）和5~6人（不与老人同居者）。到第四代出生之时，第一代当已作古，家庭人口数仍然在上述数据范围内波动。核心家庭—主干家庭—联合主干家庭—若干核心家庭，事实上是一个家庭发展的周期形态。

官僚地主家庭常常有成年兄弟同居的情况，因此家庭人口多在10人以上。其原因大体有三点：一是儒家礼法文化的影响，士大夫之家总是儒家文化的倡导者。唐朝许多讲究礼法门风的家庭，都追求大家庭生活模式。二是经济基础的雄厚，官宦人家和富裕家庭，经济条件比较优越，可以有条件支持一个大家庭的生

---

① 参见前引蒋爱花硕士论文。

活。三是职业特点的助力,官宦人家的子弟大多追求功名,弱冠之年正在读书赶考的时候,出仕之后由于在外地做官,在客观上使大家庭难处的诸多因素都获得了缓解。因为离开了老家,所以实质上成了同籍异财的家庭形态。总之,官宦人家三代同居的家庭结构比较多,有其客观原因。

中古时期的家庭存在"二元复合"的特征。一户未必是一家,而一家又往往不只一户。本章使用的"家庭"一词只是对应于同居共爨共财这样的狭义的"家"概念。唐代法律中的"同居"有两种类型:一种是,只要同财共居,不限籍之同异,即真正生活在一起的亲属或非亲属;另一种是,凡血缘关系或伦理关系比较密近的亲属,即使不是同财共居,在法律上也可以算作同居。把这种解释引入到家庭关系领域,就会发现同居实际上有两种形式:一种是同财共活,但却不在一个户籍上;第二种是并不在一起过日子的各"家"拥有同一个户口,拥有同一个名义上的"户主",即所谓"同籍别居"。另外,唐朝法律中还有"虽复同住,亦为异居"的说法。它是指那些随母亲改嫁后与继父住在一起的孩子,尽管孩子与继父共同生活如一家,但是,他们并不被官府承认为"同居"关系。户口登记成员与共居家庭成员的不一致性,构成了唐代家庭形式的二元结构模式。

唐代复合型家庭关系可以大别为两种形式:第一种是"同居共活"型。这种家庭虽然户籍上并不是一户,赋役也分别承担,但是在实际生活中,却同生活在一个屋檐下，共同承担生活负担，生活上采取合伙的形式。第二种是"同籍别居"型。这种形态的家庭对于官府而言，只有一个户主、一个家长；但是，内部却是各家独立过日子。他们之间也有财产纠纷，主要表现为对于共同承担或者分摊国家赋役时的配额问题。

"同籍异居"型和"同居别籍"型两种不同的复合型家庭在不同的阶层具有不同的社会意义。在富裕家庭和上层社会，同居别籍主要是因为家族之间关照的需要，即所谓依养型家庭，是一种过渡的家庭形态；同籍异居则是因为兄弟父子在不同地域做官或者乡村地主本家与外地做官的子弟之间的自然分异所造成的。在基层普通民众家庭里，同籍异居是为了避免官府反对所谓"生分"（父母在而别籍异财）；同居别籍则是在分家之后，由于经济和生产上的需要而保持的一种"同居共活"的家庭形态。

为什么唐代会出现这种二元的复合型家庭结构？原因有三方面：首先是政府的强力干预，隋唐政府一直鼓励同籍共居，反对分家析户。儒家知识分子更是把"同居共活"视作孝悌和仁义之举。其次是中古转型时期家族形态的影响。在传统的世家大族门阀制度下，大家族对于宗族属党的荫庇十分普遍。隋朝统一以后，命令"大功以下，兼令析籍"，目的是要消解世家大族的势力，因此宗族或家族中血缘关系比较近的家庭之间保持某种经济上的密切联系十分必要。最后是唐代的法律制度的影响。小家庭从大家庭中裂变出来,本来是古今中外家庭演变的基本轨迹。唐代法令"凡差科,先富强,后贫弱,先多丁,后少丁",更加使富室多丁之家为规避徭役采取分家析产的方式。国家权力对家庭结构进行强力干预的结果,反映在户籍制度上就出现了种种变通办法,也出现了史料记载中各种分家或者同居而引起的财产纠纷。

妇女归宗是复合型家庭的一种特殊形式,它对家庭结构、家庭类型及家庭规模也有较大的影响。妇女归宗,一般出现在两种情况之下:一种是由于某种原因,出嫁女独自或与丈夫、子女一起较长时间居住于本家,即长期归宁;另一种是由于丈夫早年亡故,夫家不便停留而归宗,即夫亡归宗。如果出嫁女个人或其夫婿、子女居住妇女本家,按照唐律的解释,归宗妇女及其丈夫、子女,与本家只论及同居关系,并未强调上升至同籍关系,因此,出嫁女、女婿应该还保持着自己单独的家庭户籍。另外,出嫁女及其丈夫、子女与本家合籍,可能会出现借此规避赋役、减免刑罚的情况,这也是国家明令禁止的。在完整的敦煌户籍史料中,没有任何一个户籍登录女婿,可为一明证。出嫁女长期归宗,尤其是夫随妻居,使得出嫁女及其丈夫、子女与本家亲人形成了同居关系,甚至同财共居关系,出嫁女小家庭与本家家庭成为事实上的联合家庭。

妇女夫亡归宗,由于孀妇自身条件的差异,与本家家庭形成了多种形式的关系。其中,依养外亲家庭中的寡母孤儿,依附于本家家庭生存,将本家家庭由原来的核心家庭或主干家庭扩展为真正的联合家庭。但在官方的户籍登录中，孀妇的户籍或隐或显，既可留置夫家，也可加入本家；孤子虽在一定时期内寄养于外家，但其户口则并未出现在外家的户籍之中，致使生活实态与官方户籍并不一致。寡母无子守节，寄养于女儿女婿家庭，一般出现在夫家、本家皆无所归依的境遇之下。寡母不论从实际生活和官方户籍来说，都成为这个家庭中的一员，由于家庭中增加了非直系长辈，改变了原有的核心家庭的结构，成为其他类型的家庭，而寡母原来的家庭则实际消亡了。不过，寡母寄养于女儿家庭守节属于权变之法，并不常见。孀妇终身归宗守节，是唐代妇女寡居生活的常态；寡母先归宗而后再嫁，也是唐代妇女常见的生活选择之一，有时也会对本家家庭带来直接影响，尤其是寡母将子女留给本家抚养，并不改变外家的家庭类型，但也增加了外家的抚养人口。

婚姻与夫妻关系

隋唐时期流行早婚。唐太宗李世民与长孙皇后结婚的时候，李世民16岁，长孙皇后年仅13岁。

按照文献记载，开元二十二年（734年）二月，唐玄宗敕令："男年十五，女年十三以上，听婚嫁。"这里，唐玄宗仅规定了最低的年龄限度，即男年15岁、女年13岁就达到了合法的结婚年龄。在《唐代墓志汇编》及《唐代墓志汇编续集》辑录的5164件墓志中，我们共得到有妇女婚龄记载的样本480例，可以得出的结论是：男大女小是基本模式，女子结婚的高峰期集中在13～22岁，男子结婚的高峰期为17～30岁；一般女子笄年订婚到过门出嫁之间会有两三年的间隔；而夫妻之间男大女4～8岁为常见；男女婚嫁推迟主要是经济因素的影响，但是，结婚前男子普遍有妾等性伴侣，使那些奔竞仕途的官员有可能推迟结婚，他们取得功名后常有老夫少妻现象。

唐代的婚姻礼仪，从文献上看，仍然是《仪礼·士昏礼》的一套程序。但是，隋唐时期士大夫对于古代婚礼不甚了了。就《唐律疏议》来说，它关于民间婚姻成立的条件其实很简单："诸许嫁女，已报婚书及有私约，而辄悔者，杖六十。虽无许婚之书，但受聘财亦是。若更许他人者，杖一百；已成者，徒一年半。后娶者知情，减一等。女追归前夫，前夫不娶，还聘财，后夫婚如法。"对"约"的解释是："约，谓先知夫身老、幼、疾、残、养、庶之类。"这说明唐朝官方认定的婚姻条件要么是有正式的定婚书（包括双方另有私约，即女方对于男方的身体和身份等情况已经有清楚的了解），要么是女方已接受男方的聘财，符合其中一条，这桩婚事就算约定了。女方毁约要负刑事责任，男方毁约则不准追回聘财。

成亲的过程根据敦煌文书、《酉阳杂俎》等资料的记载，主要是表现喜庆和祝福的气氛。正是通过一些热闹的程式和仪节，使婚姻当事人的结合成为男女双方的亲友及邻里皆知的事实。但是，与订婚相比，成亲的程序反而显得不重要。只要订婚下彩礼，即使没有亲迎，婚姻也已经被认定。《大唐开元礼》中的"六礼"即纳采、问名、纳吉、纳币（或纳征）、请期、亲迎等，基本照搬古礼的记载，其实只是具文而已。实际的情节则已大异其趣，民间更未必皆遵行不替。而官府认定婚姻有效性也只是看婚姻契约。

虽然唐代官府没有对于婚姻缔结的登记制度，但是对于婚姻缔结的限定条件，《唐律疏议》规定得比较具体。比如，良贱不得为婚，同姓不得为婚，长幼不得为婚，居父母丧期间不得结婚。但实际上，唐朝人在婚姻实践中，并不完全遵行此类礼法约束。

唐代婚姻礼仪中有一个比较特殊也相对常见的现象是所谓男到女家成婚问题。敦煌文书《大唐吉凶书仪》中有"近代之人，多不亲迎入室，即是遂就妇家成礼，累积寒暑，不向夫家，或逢诞育，男女非止一二"。此点已经有一些学者论及。所谓男到女家成婚，并不是招女婿进门，而只是把结婚仪式搬到了女方家。男到女家成婚本来是不合乎礼法的，唐代出现这种情况各有不同的原因。或者是因为对女方的尊重与照顾，如在崔元综以58岁娶韦家19岁少女的情况下；或者是由于现实原因，如山川阻隔，迎娶的路途遥远等，需要在女家成婚；或者是由于男方羁旅在外，在女方家成婚比较方便，一般婚礼结束后，男女双方盘桓一些时日就会回男方家。另外一种情况是由于经济上的原因，男方家道中衰，暂时依附在女方家，因而在女家结婚，婚后较长时间居住女家，等到男方仕宦有成再把妻儿接走。

唐朝婚姻讲究门第。所谓名门或者高门，又称旧族，乃是指南北朝以来的士族，其中尤为突出的是所谓山东士族崔、卢、李、郑、王诸家。这些家族在政治上的地位并不是最显赫的，经济上也不是最富有的，但在门第上却被认为是最高贵的。

唐太宗曾经指责山东旧族据门第自高，索取高额聘财。为此，唐朝甚至一度用法律规定聘财上限。唐高宗显庆四年（659年）十月诏："天下嫁女受财，三品以上之家，不得过绢三百匹；四品、五品不得过二百匹；六品、七品不得过一百匹；八品以下不得过五十匹，皆充所嫁女资装等用，其夫家不得受陪门之财。"这等于从法律上为聘财规定了一个上限。但唐人小说中便有反例。《玄怪录》卷一《张老》条记载了一个男子求婚的故事：士族韦恕有"长女既笄"，扬州六合的菜农张老闻之，央求媒婆为自己说媒。韦恕大怒，发难说："为吾报之，今日内得五百缗则可。"要一个菜农一日之内拿500缗钱的聘礼。500缗钱的价值恐怕超过了按规定平民之家所受聘财"不过五十匹"的许多倍！正式的法律对于聘礼的多寡其实没有硬性规定。疏议中说："聘财无多少之限，酒食非。以财物为酒食者，亦同聘财。"也就是说聘礼在原则上只是一种信物，不在数额的多少。特别规定酒食非聘财当是为了避免把男方宴请女家视为下聘礼，并不是说酒食之物不可以为聘财。所以，疏议中明确说："以财物为酒食者，亦同聘财。"而在实际生活中，聘财可能是影响男婚女嫁的一个重要因素。

　　士庶通婚的界限被金钱、官职等打破之后，突破了所谓身份内婚制。士族高门用他们的社会身份与拥有金钱和政治地位的新富新贵进行交换，从而达到一种新的心理和社会的平衡。由于唐太宗等开国统治者把礼教、门第和官爵等同起来，因而压制了旧士族为代表的礼法文化。统治集团内部旧族讲究礼法而新贵从不讲礼法到遵从礼法，这是社会的一个变化。统治阶层讲究礼法，也逐渐地影响到民间遵从礼法，这也是社会的一个变化。这些变化背后所蕴涵的历史意义，乃是社会对于士族的社会价值观、伦理观等所谓礼法制度的认同。

　　唐代婚姻讲究门当户对。这种观念突出地反映了婚姻关系在社会政治层面上的意义。夫妻婚姻关系的缔结，除了性的关系和人口繁衍的需要之外，还有社会政治的需要。这一点是娶妻和纳妾的根本区别。唐代家庭实行一夫一妻多妾制。夫妻关系是家庭关系的主轴。夫妻关系的基本原则有两条：一是夫为妻纲，强调妻以柔顺为准则，尊阳抑阴，所谓"夫为妻天"就是这个意思；二为夫妻一体，"妻者齐也，秦晋匹也。"强调夫妻之间的对等位置。有人统计唐律中提到夫为妻天的有3处，而强调夫妻敌体的则有6处之多。夫妻双方的道德是要同甘共苦，丈夫以给妻子带来荣耀为满足，妻子则应温顺地侍奉丈夫，不嫌贫爱富是作为妻子最主要的道德。唐代妇女大多鼓励丈夫出人头地，并甘愿忍受生活的艰辛痛苦。韦皋妻子张氏鼓励丈夫"男儿固有四方之志",表示"妾辞家事郎君,即使荒隅茅屋、箪食瓢饮,亦所不辞!"

妻子在家庭的定位是"主中馈",即作为内当家,管理家庭里的财物。还有一个职责就是管理家务劳动。在穷人家要亲自操持家务,缝纫浆洗;在富贵人家则要指挥奴婢做相关家务。值得提出的是,有些家务劳动,即使有奴仆,也要由妻子来做。白居易《赠内子》诗云:"白发方兴叹,青蛾亦伴愁。寒衣补灯下,小女戏床头。"白居易家里不是没有婢仆,但是,妻子还是要亲自缝补丈夫的衣服。在敦煌通俗文学作品中,妇女家庭生活内容主要有蚕桑、纺织、裁缝、扫地、取水、看家、炊爨、园艺、洗濯,此外还有侍奉丈夫、公婆、叔伯,抚育儿女等。作为主妇,妻子还有一个重要角色,即与丈夫共同主持祭祀。有没有在家中主持祭祀的权力是区别女人身份的一个标志。

唐代家庭关系复杂的原因之一在于,夫妻之外,还有妾、媵之类女性家庭成员。唐代士大夫之家娶妻与纳妾的区别在于:娶妻讲究门当户对,需要像样的彩礼;纳妾则没有身份、门第的要求,也没有彩礼和婚礼上的花费。妻子的等级身份最重要,姬妾则是色艺最重要。唐代法律规定,妾应该以良家妇女为之。姬和妓都是舞女一类,以隶属乐籍的贱民居多(但也不排除有非贱民身份者)。像郑覃那样,"位相国,所居不加饰,内无妾媵",是极难得的,所以才被史家表彰。在拥有妻妾的复杂家庭关系上,唐朝的伦理观念是双重的。一方面,像郑覃那样不蓄养妓妾,被予以正面的肯定；另一方面，在妻妾成群之家，又强调和睦相处，关键是妻不能嫉妒。妻子过于嫉妒是"礼教不修"的表现，但是妻妾矛盾是客观存在，在很多唐人小说中都有反映。另外，未娶妻先纳妾的情况在求官的士大夫中很有普遍性。有些求取功名的读书人或者中下级官吏在结婚以前已经儿女绕膝。唐朝许多官宦子弟，特别是那些门户趋于衰落，政治上没有靠山的士族子弟，其正式娶妻往往比较晚，30、40岁结婚的大有人在。他们往往会在结婚之前娶妾或者有宠婢、姬人侍奉。其中许多人穷困潦倒、仕宦无成，乃至终生未能结婚，只是与那些没有名分的侍女辈生育了子女。

家庭里有众多女人存在，但地位各不相同，作为正妻，拥有主母的重要权利。根据唐朝法律，妻、妾和婢在家庭里的地位相差悬殊。"《户令》云：娶妾仍立婚契，即验妻妾俱名为婚。"也就是说，妻和妾都是丈夫的合法配偶。但唐律明确规定妻妾之间的地位不得随便变更："诸以妻为妾，以婢为妻者，徒二年。以妾及客女为妻，以婢为妾者，徒一年半。各还正之。"这些都只能看成是法律设定的家庭成员的身份地位，也是官府处理家庭纠纷时掌握的基本原则。但是，在实际生活中，丈夫与妻、妾和宠婢的关系千差万别，因人因家庭而异。一些史料显示，由于妻与妾的矛盾，有些家庭男子在娶亲之后，先前的妾因为老病等原因就要求离去或者被迫离去。

在唐代，青年男女之间互相交往的禁忌似乎比后世要宽松许多。唐人传奇中有许多爱情故事，描写男欢女爱，为后世传诵并被改编成戏剧者如《长生殿》（《梧桐雨》）、《西厢记》（《莺莺传》）等都出现在唐代，它们是当时男女追求爱情生活的真实写照。唐朝人对通奸的定义与今人有所不同：有夫之妇与他人发生性关系为通奸；即使丈夫已经死亡，寡妇与未婚男性发生性关系也是通奸；男性即使已婚，与未婚女性发生性关系亦不为通奸。

唐朝法律允许夫妻因关系不和谐而离婚。《唐律疏议·户婚律》就有"若夫妻不相安谐而和离者，不坐"的规定。同时，法律条文给予男方以比较大的离婚权利，这集中体现在"七出"的条文上。所谓"七出"如《唐律疏议》所载，是指："一无子，二淫佚，三不事舅姑，四口舌，五盗窃，六妒忌，七恶疾。"唐代民间婚姻的离异一般不需要惊动官府，就像结婚不需要在官府登记一样。民间婚姻关系的正常解除被称为"和离"。从敦煌文书中的几份"放妻"文书来看，夫妻之间的关系恶化是导致和离的主要原因。婆媳不和则是又一民家常见的离婚原因。

离婚后的再婚在唐代不存在法律上的障碍。敦煌文书中对于夫妻离婚后的再婚持宽容的态度："自后夫则任娶贤妻，同牢延不死之龙；妻则再嫁良媒，合卺契长生之净虑。"更有丈夫祝福离婚的妻子："愿妻娘子相离之后，重梳蝉鬓，美扫娥眉，巧逞窈窕之姿，选聘高官之主。"但即使如此，唐代的妇女仍有守寡十几年乃至数十年者，而士族之寡女再醮也被认为是个别事例。由此可见，虽然论者都说，唐代从皇室到民间都不以妇女再嫁为耻辱，寡妇改嫁在唐代基本没有法律障碍，公主再醮也是常见之事，更为民家妇女的再婚做出了示范。但是，相比较而言，公主寡居不改嫁的毕竟比改嫁的要多。德宗认为妇女寡居后，如果穿着鲜艳乃是不安本分的表现，寡妇素雅不修饰才是合于礼法的举止："德宗初嗣位，深尚礼法。谅暗中，召韩王食马齿羹，不设盐酪。皇姨有寡居者，时节入宫，妆饰稍过，上见之极不悦。异日如礼，乃加敬焉。"礼法之风在皇家也在滋长。宪宗以后似乎没有出现公主改嫁的事例。宣宗大中年间规定已经生育了儿女的公主不得提出再嫁要求，实际上是无的放矢。但是，它表明了两点：第一，即使是皇家也不一般地反对妇女再嫁；第二，对于妇女再嫁的限制已经逐渐占了上风。因此，从总的情况看来，寡妇再嫁虽然在唐代是很普遍的事情，但是，社会的主导舆论还是遵行礼制的精神，鼓吹贞节观念。

墓志中关于再嫁的情况记载很少，或许是由于根本就不愿去记载。但是对于坚持守寡的描述则比比皆是，毫不吝惜笔墨。"丹石生平，孰能渝变；松竹志气，终自坚贞。"从墓志的行文中，可以看出社会舆论基本上对此采取肯定和鼓励的态度。"苦节"、"贞节"、"清贞"、"皎洁"、"贞心"、"霜雪"、"秋霜"等这些词的频繁使用，也体现了社会舆论对于寡居妇女的要求：清心寡欲，坚贞不渝，"目不觑于非礼，耳不受于谀言"。很多寡居妇女在"不御铅华"的同时，也与佛教结下了不解之缘。从墓志中反映的情况看，在所有女性佛教信众中，寡妇占有相当的比重。寡妇的社会处境和心理状况使她们比其他妇女更容易皈依佛教。

守寡妇女在丈夫死后，往往担负着侍奉公婆、抚养儿女、主持家务的重任，甚至成为一家之主，为生计而忙碌。如果丈夫先逝而亲人尚未如愿安葬，那么可能就得由寡居的妻子来完成了。寡居妇女回本家与父母、兄弟同居以度余生也是一个选择。许多年轻的寡妇夫亡之后，子女尚年幼，她们余生的重要任务就是抚养子女长大成人，"训育男女，若全师父"，使得"男有官，女有归"，"克己成家，树立余业"。当然，孩子也是她们寡居生活的一种寄托。

唐代出嫁妇女守寡后，要么回本家寄养，要么留在丈夫家里抚育子女。若留在夫家，按照均田制规定，寡妻妾可以受田30亩，承户者再加20亩。在敦煌文书中也确实发现有寡妇受田的记载。寡妻妾可以分得土地，说明寡妇当家或者孤儿寡母的家庭，在均田制下也有权占有自己的耕地。不能获得宗族接济和支持的下层妇女在丈夫去世后，如果不改嫁，其谋生的道路自然特别艰辛。假如穷困又没有子嗣的话，其生活往往十分凄惨。上层妇女在守寡之后一般还有家业可以维持生计，因此，深居简出被认为是寡妇的美德。另外，墓志文献中有非常丰富的奉孀姊、寡姑的事迹，也反映出唐代出嫁妇女在孀居后往往得到娘家救助的事实。

3 家庭中的人际关系

父母与子女的关系是家庭中的核心关系之一。唐代法律以"父为子纲"作为长辈与晚辈之间权利和义务关系的准绳,反映的是国家对于人伦关系的主导意识形态。其实,在实际的家庭生活中,父母与子女的关系有更多的人情意味。唐朝人家庭中理想的子女数目大约是五男二女。官僚或者富裕人家的子女数目往往比较多,比如,张献诚有18男2女,慕容曦皓有8个儿子,马浩有12个儿子。从墓志中统计的数据看,平均每户生育孩子4.75人,生育3~4个孩子的家庭最多。

在儿童教育方面,母亲如果读书识字,往往是儿童最早的启蒙老师。唐朝父母希望子女幼小的时候就懂事成熟,少年老成是当时称赞儿童的标准。官僚士人家庭中,男孩子一般7岁开始读书,15岁就已经熟悉儒家的基本经典,开始是读《诗经》和"三礼"之类的作品,后来则研读《周易》和《左传》等艰深的著作。士人家的子弟如果六七岁还不能识字写字,就会被人嗤笑。

妇女出嫁是生活的根本转变。作为女儿与媳妇的为人处事有很多不同,其中姑嫂、妯娌之间的关系十分重要。墓志中关于主妇道德的叙述也特别关注此点。从唐朝人的措辞看,最小的女儿往往尤其得到父母的钟爱。唐朝老人生病,似乎女儿侍奉汤药比媳妇更为普遍；在外家发生经济困难时，出嫁妇女时常有接济之举。

唐代家庭里的子女一般是以父亲的血统为归属，即从父不从母，但是孩子由于其母亲的身份不同而有嫡庶之分。正妻所生子女为嫡，正妻之外女人所生子女为庶，庶出的子女又有婚生和非婚生的区别。唐朝法律中娶妾也属于婚姻的范围，故妾所生的庶子是婚生，其他女人所生则是非婚生。于是家庭中子女因为其母亲的身份便有了嫡子、庶子、别子、外宅子、奸生子女等区别。嫡庶的区别在皇家很重要。在官宦人家，子女随父祖享有某种特权，如封荫入仕，嫡庶在享受特权的次第上存在差异。此外，封爵的继承也一般是嫡子的特权，庶子只能处于候补的地位。褚遂良曾指出，西晋永嘉以来，北方风俗"嫡待庶若奴，妻御妾若婢，废情亏礼，转向因习，构怨于室，取笑于朝"。看来嫡庶之间的差别和矛盾是那个时代普遍的现象。同样是庶出，又有婚生与非婚生之别。所谓非婚生子女包括两种情况：一种是男子结婚后与妻妾之外的女人所生育的子女；还有一种比较普遍的情况是结婚以前所生育的子女。男子无论是婚前还是婚姻期间的非婚生子女都是公开与合法的。还有一类所谓"外宅男"或者"别子"，则属于非公开（不一定非法）的子女。

在子女出身复杂的家庭里，父母特别是母亲与非亲生子女的关系是一个难题。文献中总是表彰正妻或者后母对于非亲生子女的慈爱，然而现实中正妻或者后母对待庶出或前妻的子女未必能够一视同仁。颜之推曾说过：北朝风气，家庭里以女人支撑门户，后母皆爱己子，因为"前妻之子，每居己子之上"，故"后妻必虐前妻之子"。隋唐时代仍有这种风气。但是，在前妻之子长大成人后也可能虐待后母。如武则天在娘家的时候，与她的生母杨氏就受到同父异母兄弟的苛待。在继母的赡养方面，只要继母没有与父亲离婚，即使回娘家去住，仍然可以享受丈夫前妻所生子女的孝顺。但是改嫁妇女跟前夫所生子女与后夫之间的关系则比较复杂。唐朝法律对于继父与妻子跟前夫所生子女的关系分为同居、异居和无服三个层次，以规定不同的亲疏等级。妇女带着年少的儿女再嫁，那么继父就与妻子的前夫子女构成同居关系。假如后来继父有了自己的子女，即使仍是同居，也与妻子的前夫子女解除了同居关系。唐律在这里特别加以分疏的其实就是继父对妻子及其前夫子女的法律义务和责任问题。妻子与前夫生的子女并不属于这个新家庭的法律上的一员。这个孩子将来还是要承嗣自己亲生父亲的门户。

结成收养关系的父母与子女之间没有血缘关系，双方通过契约的形式结合成拟制的父子关系，因此，社会学上把这种关系叫做"拟制血亲"关系。但是，养子也是收养家庭的合法成员。综观敦煌文书中的养子情况，发现有以下几点值得注意：第一，收养对象比较复杂：有收养兄弟之子或者同母异父的兄弟之子的，有收养外甥的。第二，收养的目的：首先是立嗣，但是民间百姓收养子女，更多考虑养老的现实生活需要。第三，养子和养父的权益通过契约的形式加以保证。总体来说，养父母要给养子以生活保障和财产上的继承权利，养子要对养父母恪尽孝养的义务。第四，在养子与亲生父母的关系以及解除收养问题上：所收养的儿童如果是走失者，生父母来认领，养父母必须归还；如果是领养的儿童，养父无子而养子擅自离去，要判处二年徒刑；如果养父已经生子而亲生父母无子，养子想回到亲生父母身边的，听任归还。

家庭关系中，媳妇与婆婆之间往往是最难相处的。丈夫的父母即公婆，唐朝人一般称为舅姑。唐朝法律对于公婆与儿媳的关系有尊卑的基本规定。"不事舅姑"是被列入"七出"之条的罪名之一。媳妇结婚之后的第一件事就是拜见舅姑，"洞房昨夜停红烛，待晓堂前拜舅姑"生动地记述了这一点。新妇入门就要主中馈，"三日入厨房，洗手作羹汤。未谙姑食性，先遣小姑尝"。说明新妇讨好婆婆的重要性。婆媳不和是家庭里的常见现象，相关原因很多，重要原因之一是家庭的主导权问题：花钱替儿子娶了媳妇，新婚夫妇却逐渐接管了对于家庭的掌控大权，新妇操持家内之事，儿郎则代表家庭继承"门户"，由此往往引发矛盾。

岳父母与女婿的关系比婆媳关系简单一些。根据古礼及唐朝贞观礼的丧服制度规定，女婿为岳父母只需要服缌麻三月，到了晚唐五代的民间书仪《丧服图》中，才出现女婿为岳父母服小功五月的变化。由于女婿为岳父母的服制轻，所以在讲究书写礼仪的墓志中几乎不会提到女婿如何悲悼岳父母之情，甚至根本不提女婿。但在实际生活中,女婿与岳父母的关系并不疏远。一般而言,丈母娘爱怜女婿,女婿被视为半子。孤单无依的老人晚年有时还与女婿一起生活。

妇女出嫁后,其新家庭与娘家的兄弟姐妹也构成了亲戚关系。其子女与娘家兄弟的关系就是甥舅关系,"甥"指外甥,包括男性和女性。在舅父比较有名的情况下,唐朝人在介绍某人的出身时,也不忘指出墓主是某人之甥,说明外家与本家关系的密切。抚育外甥,在唐代是一种为人赞扬的美德。唐代的郎舅关系要比姑表关系更亲近一些。

唐朝的人均寿命,根据今人的研究大约为50岁,这与我们从墓志统计中得出的结论相差不大。但是,这并不能完全作为唐朝人心目中老人观念的指标。根据唐朝的规定,男女始生为黄,4岁为小,16岁为中,21岁成丁(前后有所变化),60岁入老。则是60岁以上才算老年人,与近世几乎没有差异。担任公职的官员,甚至70岁才退休。可见,唐朝人的老年观念,与今人差别不大。

有关老人的主要社会问题是生活的保障问题,包括物质生活和情感需求。隋唐尤其是唐代国家政策对此提出了一系列措施。隋代规定年至50,即不需要亲身去当差服役。唐代实行租庸调制度,没有了年龄的优待,但是60岁以上是法定的免除赋役负担的年龄。对于年高的耄耋老人,唐朝有所谓"侍丁"制度,家有80岁以上的老人或者有严重疾患之人,可以免除一丁以上的劳役,让他专门在家里侍候。这种人性化的制度不仅仅是具文，而是切实实行了的。

　　唐朝均田法令保证老人和残疾人拥有一定数量的授田，在家产分割上，对老疾者也有所照顾。唐代的户口政策阻止分家析产导致老人独居，法律上明确禁止父母在世而别籍异居。老人在世时儿女不分家，不仅保障了老人的经济生活，而且满足了老人的感情需求。当然实际的家庭生活也并不完全按照朝廷政策设计而运作。老人与子女的关系可以说是决定老人晚年生活的关键性因素。中国传统礼教文化有比较浓重的尊老倾向，唐代更是大力倡导孝道。不仅皇帝亲自注释《孝经》，佛教为了争取社会的支持，也广泛地向大众推销为父母消灾追福的功德法事，使用一切宣传手段宣扬孝道。

　　对于父母的孝养最终还是要落实在具体事务上，最典型的一般就是侍汤奉药、孝敬奉养之类。比如唐朝宰相房玄龄就是一个出名的孝子。但是，父母进入老年其实也是家庭权利关系的一种更替，代沟与冲突不可避免。老年人在把家庭的接力棒交给儿子和儿媳后，常会有一种生活上的孤独无助感。而他们与出嫁女儿的关系则往往是另外一番情景，在与儿媳发生矛盾时，出嫁的女儿常使他们感到亲情的温暖。

　　唐代一些没有子女的家庭，在收养子嗣的时候，讲明就是为了照料老人晚年的生活。许多老年妇女特别是寡居妇女，为了缓解年老或丧偶所带来的孤寂与悲痛，往往崇奉佛教。老年男性信佛出家者很少，特别是有身份的男性，一般努力在本地生活中发挥自己的影响。唐玄宗曾经下令在各乡设立"乡望","并取耆年宿望,谙识事宜,灼然有景行者充"。这无疑提升了老年人在地方事务中的发言权。

家庭财产的析分

从家庭生活上说,成年兄弟结婚之后仍然在一起生活,最大的变数有两个方面:一个是成年兄弟已经有自己的经济收入或者比较独立的劳动能力,不再完全倚赖父亲,从而容易产生离心倾向;另一个是兄弟结婚后,在家庭中引进了非血缘关系的成员,与其他家庭成员往往处在一种复杂关系中,妯娌、婆媳都很容易产生矛盾。这些因素导致兄弟成婚后维持大家庭有相当难度。

完整意义上的分家,应该包括获得独立的户籍(别籍)和获得独立的财产(异财)两个内容。从唐朝的国家政策来说,禁止父母在世的时候兄弟分家。等到父母尊长亡故,分家才是合法行为。因此分家就有了民间和官方的两重意义:从民间来说,异财就已经是分家;从官方来说,只有别籍才承认是分家。在实际执行过程中,父母健在时,一个家庭若不改变户籍的登记形式(别籍),祖父母、父母做主,为子孙分割家产,即"同籍异财"是合法的。因此,父母主持下的"同籍异财",是常见的家产析分方式。实分名不分的家庭析分现象在唐代层出不穷,从而出现各种"二元式"家庭结构。

大致说来，隋朝和唐朝以及五代都从正面肯定累世同居的家庭模式。但从社会风俗习惯上说，南北朝时期北方地区盛行大家族制度；南方的家庭析分无论在上层还是下层都是相当普遍的，小家庭结构在整个家庭结构中占到了"十家而七"、"八家而五"的比重。到了唐代，北方居民也普遍流行分家了。唐朝官府一贯通过旌表的手段来鼓励民间数代同居，有时候还给予实质性的奖励，但实际上分家现象很普遍。

唐玄宗开元二十五年（737年）令："诸户主皆以家长为之。"这里的家长与户主的分别，其实就是对于家庭的两种定位分别，家长是作为一个血缘婚姻单元的首长，户主是作为一个社会基层组织的首长。法律规定，他们应该是同一个人。家长是家庭事务包括财产处置的主宰。根据史料记载可知，家长处分财产的权力是独立于其财产继承人的意志之外的。即使其他家庭成员认为，家长的某一财产处置行为会给家庭造成重大的经济损失，除了劝告外，也并无有效的法律手段加以阻拦。相反，卑幼不经家长许可，则无权随意处置家庭财产。

国家对于民间户籍的分与合有一定的政策，民间则通过变更家庭户口形式来获得赋税上的好处：一种办法是"合户"，另一种办法是"分家"。普通家庭为了逃避赋役，通过以疏为亲的办法把本来的两家合为一户，从而获得蠲免的好处；那些本来没有课役的官宦人家，则通过合并两家为一户，从而获得减免刑罚的待遇。通过分家来获得赋役上的好处主要是因为唐朝前期实行"先富强、后贫弱，先多丁、后少丁"的差科派役政策，分家可以减少家庭的丁口和财产的数额，从而可以减少或逃避差课。唐代后期实行两税法，赋役征收原则及户籍制度都发生了一些变化，原则上家庭财产成为赋役征发的主要根据。也有人认为两税法实行后以户口的增殖考核地方官政绩的做法，直接导致了析户之风的盛行。

分家析产是家庭生存周期中的一个正常环节，其中财产分割又是分家析产的关键所在。所谓分家本质上其实就是财产的重新分配和重新会计。分家析产的难点也在财产的划分上，唐朝对此自有一套完整的法律制度。

在儿子作为第一继承人的这一辈，唐律实行按照房支（一个兄弟为一房支）均分的原则；在孙儿作为第二继承人的这一辈，则实行按人数均分的原则。被排除在财产继承范围之外的，首先是那些已经多年离开父母而单独生活的兄弟，其次是未入户籍的外宅妻儿。

父母亡故，哪些财产可以作为分家的内容？律文只说是田宅和财物。一般住宅和财物比较好平均分割，而土地的分割在唐朝则有一些法令上的障碍。因为在均田制法令里，只有永业田和赐田是可以传给子孙的，而口分田则是身死还公。但实际上，均田制并没有严格地按照田令来进行土地的还授，因此实际的分家析产就只能按照现实的家庭土地占有状况来划分。永业田及赐田是完全的私产，所以"父祖永业田及赐田，亦均分"有充分的法律依据。口分田按照参与分家人员的实际年龄及其相应的受田权限来分配，而不是均分。也就是说，如果是丁男或18岁以上中男，将获得相应的口分田，如果尚未入丁中就不能或者只能较少地分得口分田。但法律同时补充说：如果口分田很少，也可以采取均分的办法。可见口分田是可以实际被百姓当作家产予以析分的。唐代家庭财产析分中要排除两类资财：一是媳妇们从娘家带来的财产，二是父祖的官爵和分封的土地。这两类不在析分范围之内。

唐代法令对于女性家庭成员继承权利的规定是：姑姑和姊妹未婚者应获得嫁妆钱，数额为男性侄子兄弟娶妻所花聘财的一半。寡妻与妾的继承问题比较复杂。唐朝法律区分了如下几种不同情况：一是寡妇有子嗣或者无子嗣而有养子，子嗣或养子可获得丈夫名下的那一份财产，寡妇除了自己的私财外不另外分得财产；二是寡妇无子嗣，她可以继承丈夫应该得的那一份财产；三是寡妇无子嗣，同时丈夫的兄弟也都死亡，寡妇面对的是丈夫的诸侄儿时，那么寡妇可以作为全体继承人中的一员，与诸侄儿一样分得一份家产；四是寡妇无子嗣而改嫁，寡妇本人必须放弃所有从丈夫家继承的财产，这些财产当重新进入再分配。妇女的财产往往被鼓励用来资助家庭用度和亲友，墓志中记有大量妇女以私产充大家庭公用的美德义举。

隋唐五代的家产析分形式主要包括以下三种类型：一是父亲生前立遗嘱模式，二是长辈死后兄弟分家模式，三是长兄死后叔叔与侄子的分家模式。唐朝法律禁止父母在世兄弟分家，为了防止引起纷争，父母临终前立遗嘱是常见的一种分家模式。父亲生前没有立遗嘱，死后若干年内尚没有分家，形成联合家庭，但是随着时间的推移出现了离心因素，兄弟之间要订立契约分家。父亲生前未立分家遗嘱，兄弟同居共财，长兄亡故后，子女幼小，孩子们由叔叔鞠养，后来侄子长大成人，于是发生叔侄分家。父祖尊亲在世时预先将家产按照一定份额分给子孙，或者以遗嘱方式处分身后家财在唐以前便很常见。也有家长根据家庭财产及相关情况的变易，改动、补充遗嘱内容，使得最终的家产析分更加合理。还有一种"同居共活体"的复合家庭，其中大家小家并存，或者同籍共活，或者异籍共活，既有大家的共同财产，又有小家的私有财产，也会导致多次分家。

敦煌文书中的分书样本或遗嘱文本的契约性质是很典型的。民间的契约要符合《户令》为主的分家析产法令要求，同时也不违背地方习俗（所谓"乡原体例"），这自然是保证契约和遗嘱实施的基础。除此之外，契约文书或者范本还特别强调两点：第一是当事人是在神智清醒的状况下做出的决定，第二是有乡邻或者亲友做见证人。这样做的目的都是为了避免诉诸官府时发生怀疑遗嘱可靠性的问题。

家庭生计

《颜氏家训》是现存最古老的中古治家资料，该书的治生思想一般来说反映了士族之家的情况。敦煌文书中也有许多童蒙类作品，反映了那个时代普通大众的人生哲学和价值观念。这一时期，艰苦劳动、勤俭持家的基本原则构成了后世治家格言的基调之一。

中古社会是一个等级制的社会，人们生活在一个依照等级制度安排生活规格的社会中。官民的住宅从法令上说都有制度上的规定。就实际居宅情况而论，官民之家、贫富之家差别甚大。一些家住城里的官绅人家，往往在远郊或者乡村盖有别墅，偶尔前往居住。唐朝住房的形制，从出土的住宅模型结构来看，仍然是以四合院式为主格调。在坐北朝南的四合院的正中轴线上，分别是南向的大门、中堂、后院和寝房。东西两边的厢房由廊庑组成，有的后院还有假山。房子的庭院有的栽种树木。敦煌壁画所见居宅于院落旁建有马厩。当然一般平民住宅不会有如此排场。富人圈养马匹的地方在农家也许是一排鸡舍或者猪圈，北方有些地方也许是羊圈。农家的门口大都有宽敞的场院，门后或许有花果园圃："开轩面场圃，把酒话桑麻"，就是其生活场景的写照。穷人之家当多住茅屋，杜甫有"茅屋为秋风所破"的境遇自不待言。但同是草舍，规格也有不同。唐代南方还保留着以草木筑居室的习惯。

根据《四时纂要》及其他有关资料的记载，唐代一般家庭餐桌上的主食，主要有粟、麦、稻。中国自新石器时代以来就形成了北粟南稻的粮食格局。到了唐代，大田粮食作物种植方面的最重要变化就是稻逐渐取代了粟在粮食生产中的主导地位，麦的种植面积也不断扩大，粟在农产品中的比重在降低。

土地和农具是农家最重要的生产资料。耕牛和铁制农具是一种需要财产才能获致的生产资料，也是唐代农家所缺乏的主要生产资料。曲辕犁的出现，对于小农家庭最重要的意义是，它摆脱了二牛抬杠式的笨重结构，适合于在小块土地上耕作的需要。于是，一家一户的农业耕作方式具备了更加独立和便利的条件。但是从敦煌壁画的有关图像来看，二牛抬杠式的大型犁铧还在使用。唐代小块土地使用的耕作工具主要有长镵（当即长铲），也就是踏犁。收割方面的农具主要有钐，是一种长柄的大镰刀。水稻的种植还带来了灌溉工具的发展。大的水利工程由政府来主持，地方长官的德政之一就是兴修水利。

中古时代蚕桑业的中心在黄河流域，但南方的蚕桑业已经有一定的发展。中古的均田制度都有桑田或者种植桑树若干棵的规定，可见蚕桑业的普及程度。蚕桑的种植，根据学者的研究，《齐民要术》时代是每亩2.4株，《四时纂要》记载北方地区的专业桑园是每亩植9~10株。唐代农家常见的副业经济还有果树和材用树木的种植，竹木器物的编织，酒、酢、酱、豉等的酿造，以及家禽家畜的饲养，等等。

唐代的商业活动相当繁荣，不仅许多非农家庭要依靠市场获得家庭的生活必需品和奢侈品，农家生活也离不开商品交换。农家的产品具有比较广阔的市场空间，因此在生产技术已经在农业增收中占有较大比重的时候，农村家庭的相对专业分工就有可能较广泛地存在。这又进一步加速了市场的发育以及农家生计与市场的密切联系。文书中关于家庭雇佣的情况很普遍。农民家庭雇佣的主要原因大都是"缘家内欠少人力"，于是雇佣某人"营作九个月"，雇价一般是每月一驮麦以及衣服、鞋之类物品。总之，唐代一般农民家庭并不是一个完全封闭的经济体，其经济生活与市场有着千丝万缕的联系。

农家生产成本主要是耕牛、农具和种子。唐代农家非常性大宗家庭开支主要是丧葬费用和婚嫁费用。丧葬费用包括购买墓地的开支和办丧事的花销。就墓地而论，依时代、地区和地段而有很大差异，风水好的墓地价格贵于农田。婚姻的费用，在农家大约与丧事的开支旗鼓相当。温饱家庭每有吉凶婚丧之事，就有入不敷出之虞。因此，民间有时候通过结社互助的形式来解决各家因婚丧吉凶突然增大的开支问题。

唐代一个农民家庭究竟占有多少土地？一般自耕农五口之家占有40~50亩土地当属比较普遍。由于自耕农之家土地相对较少，可以做到精耕细作，因此产量相对比较高，一般产粟地区平均亩产可达1.5石，产稻及稻麦复种的南方亩产3~4石也应该不算高估。这样，南方即使只有10~20亩水田的农户，也有可能与北方有40~60亩土地的农户一样获得60~80石的粮食收入。

假如一个有60亩土地的农家，其平均收入是90石粟，那么，家庭粮食消费约占总收入的44%。唐代一个中产之家的赋税开支约占27%，即24.5石，加上种子、农具等成本共计34.5石，则中等农家的纯收入是55.5石。其中基本的粮食消费40石，约占纯收入的72%。可剩余粮食15.5石。这样相对的盈余，大体可以支持中等农家从事一些其他的活动，比如宗教信仰、子女教育、结婚和生子、寿庆和丧葬以及住房建筑等温饱之外的开销。真正的储蓄积累或者用于扩大再生产（比如购置土地），就很有限了。农民家庭一般可以分成三类：一是乡村地主和比较富裕的农户，大约在户等中列入上户；二是自耕农和半自耕农家庭，通过土地或者其他多种经营，能够维持基本的生活；三是佃种他人的土地或者通过雇佣劳动来养家糊口的农民家庭，这是最贫困的人家。

与农民相比，城市居民的生活相当不易。城市人家的消费需求与农村有很大不同。许多东西，农村人家自己制作（如《四时纂要》就记载如何制作防雨器具），城里人就要买。城市生活处处需钱，城市居民在日常生活中需要现金来购买粮食或者供其他不时之需，贫民之家急于用钱就要求助于典当业。

6 中古的家庭教育

隋唐时期的家庭教育，继承了魏晋以来的家教传统，也形成了具有时代特征的新内容。上至帝王官僚家庭，下至普通的农民、手工业者家庭，形成了浓厚的家庭教育氛围。

唐朝开国伊始，统治者就认识到文治对于巩固新生王朝的重要性。唐太宗将重视教育的做法也落实到对王室子孙的培养中去，他接受隋亡及本朝内乱的教训，非常看重宗室子弟的治国修身教育。贞观二十二年（648年），唐太宗博采前代君臣治乱史迹，结合自己的执政经验，针对帝王子孙成长教育的特点，撰成《帝范》，赐给太子李治，作为后世子孙治国借鉴。唐初公主一般都受过良好的家庭教育，遵循礼法，善属文辞，她们中的部分人也意识到自己特殊出身与国家政治之间的密切关系，逐渐热衷政治，甚至走上政治舞台。这一时期帝王家教具有两个特点：一是家国一体化教育，二是皇帝本人现身说法。中唐之后，国家多事，帝王家庭教育发生了一些变化。数代皇帝大都放松子女教育，尤其是公主傲居家中，欺凌夫家，以致士大夫门第之家，多不欲与皇家谈婚论嫁。由此，唐后期帝王家庭教育的转变，集中体现在对公主的教育上。帝王对公主的家教侧重两个方面：一是力戒参与时政，二是尊崇礼法。在皇帝的三令五申之下，唐代晚期公主大都能与夫家和睦相处。

在士大夫家族的家教之中，也体现着家国一体的教育理念。苏瓌（639～710）看到儿子有宰相之才，写下了27条为官之鉴留给儿子。此文举中枢之臣必备之事，涉及品德为人、治国能力、选官任人、军事边防等许多方面。其中贯穿着一个重要思想，那就是中枢大臣必须将治国与为人治家相结合，否则就会家国两伤。中宗时县令李恕著《戒子拾遗》十八篇，以自己的仕途经验为借鉴，重点介绍了如何做好下级官员，强调须将做人与做官、为政与读书结合为一体，不可偏废。

唐朝前期国土开拓、国威远扬，激发了人们报效国家、建功立业的功名事业心，家庭教育观念也随之发生变化，人们不断激励子弟走出书房，远赴边塞建奇勋、立伟业。不仅一些死守章句的文士开始瞩目边关，那些本来仗剑漫游、无所事事的游侠们和素来以勇武闻名的陇上、关中、并州等地的青少年，也由此看到了立功的希望，跃跃欲试，走向疆场。而以门荫补选京职的官家子弟和科举及第的进士，也不再闲居京城或循资格升迁，而以边地立功、报效国家为荣。可见功名教育对当时年轻人的深刻影响。

隋朝至唐代前期，科举制度逐渐成熟、确立，并取代了魏晋以来的九品中正制，成为当时主要的选官制度，选拔、培养了大量文武官员，扩大了统治阶层的社会基础。唐代科举每年举行，常科科目分为秀才、明经、进士、明法、明字、明算等多种。其中，最常设的有明经、进士两科，应试的举子也以这两科居多。即使世族门第之家的家庭教育，也已经看重通过读书求取仕进。武则天当政时期，为了抑制李唐王室，扩大自己的统治基础，大开科举之门。玄宗开元末年，朝廷放宽了对各地学校的控制，同意百姓建立私学，生徒既可在私学修业，也可在州、县学学习，于是，一些不能进入国子监的士大夫子弟可在家中兴办的私学中接受教育，百姓子弟受教育的机会大大增加。天宝年间，由于国内动荡，教员离席，学馆人数急剧下降，对官学造成严重冲击；但是，家庭中的科举应试教育，随着乡贡的发展而继续兴起。至唐中期，乡贡与家教相辅相成，促进了家庭教育中科举应试教育的快速发展，对官学形成了更大的冲击，官学对于谋求科举的学子的吸引力相形见绌。

唐代家庭教育，主要由父母、兄长及亲友充当施教者，有时士大夫之家也延请老师教授子弟，由此逐渐确立为家学，即通常所说的家庭学堂或私塾。重点传授的还是科考内容、方法等。

唐代吏部"关试"是士子科举及第之后一次重要的选官考试，考试项目有四个，即身、言、书、判。"书"即书法，要求"楷法遒美"，所以，唐人尤其讲究书法，读书人无不习书法。晚唐五代时期，虽然国家动荡，连年战乱，但家庭教育延续了此前的传统，仍以科举教育为主要内容。

晚唐五代，一些家庭在科举教育过程中，形成了包括经史、文学以及书法、佛经等具有家族特点的家学。这些家学主要围绕科考，具有较强的应试性，随着科举科目的发展而变化；或者受当时社会风气、宗教等影响，代代传承而不断增加新的内容，使得家学的知识体系更加完善，藏书更加丰富。但随着社会动荡，官僚贵族之家受到强烈冲击，门第清流自身尚且不保，其家学学馆也逐渐衰落。

与官僚士大夫家庭不同，唐代普通家庭没有条件设立家庭学堂，其子弟的文化教育主要在乡学、村学、寺学等地方学校中完成。普通家庭教育所采用的教材也丰富多样，除上文提及的儒家经典、史籍、佛经之外，还有一些流行于农村的通用启蒙教材，包括近人诗文、《太公家教》、《兔园策府》、《千字文》、《开蒙要训》、《百行章》、《俗务要名林》、《新集吉凶书仪》等等。这些教材可以适应不同家庭教育的需要，读之可应举入仕，也可传承道德礼仪，还可识字实用，反映出家庭教育目的的多样性。

官学瘫痪、家学低迷，使得乡学、山林、书院等获得发展的机会，民间教育更加兴盛，承担了家庭教育的部分职能，使得科举走向更多的普通家庭。虽然士族门第衰落，但是他们的子女将家教传统乃至礼法带入了民间。

另外，晚唐五代由于冗吏充斥官场，一方面科举选官制度出现滞壅；另一方面，教育的发展，使得越来越多的士子加入到科考队伍中来，竞争比以前更加激烈。同时，由于边境战事频仍，藩镇跋扈自立，导致不少士子赴各地藩镇幕府寻求出路，其中一些得到重用。于是，弃文从武、赴藩镇建功立业思想重新抬头，这种趋势在家庭教育中也有所体现。但是，这与唐代前期士人家庭的建功立业教育有差别，前期充满着乐观慷慨和昂扬必胜的激情，后期则更多显示出历经挫折之后的无奈。

唐代名门望族延续六朝以来重礼法的传统，逐渐形成了具有家族特点的家法、家风或家规。逐代传承和发扬这些家风，成为士大夫家庭教育的重要内容。

在当时闻名于世的主要有：韩休家族忠直刚毅的家风、杜暹家族孝友廉洁的家风、穆宁家族清严孝谨的家风、柳公绰家族仁孝的家风等。具有鲜明家族特色的家学具有非常深远的影响力，它不只通过男子在家族内部传承，女性也充当着传承家学的角色，不同的家学通过婚姻互相渗透影响，更具生命力。

唐代农业、手工业者家庭的家教，代表了在社会中占绝大多数的普通家庭的教育状况，它大致包括两个方面的内容，即民间道德礼仪教育和生产知识技能传授。农业知识技能的传授主要在家庭之中进行，父子相传、兄弟互学；手工业技能虽只在家庭或者行业内部传授，但有关手工业的知识并不只局限在手工业家庭，社会其他家庭也有对手工业知识、技能的学习与了解。

隋唐时期的女子，一般都可以受到一定的教育。女性的成长历程，一般要经过女、妇、母三种身份的转变。唐代社会和家庭对女性的每种角色，都有不同的品德要求和评价标准，通过女则、妇道、母仪教育，以塑造淑女、孝妇、慈母，体现了女性教育的阶段性和完整性。

第五章 传统家庭的转型：
宋辽金元时期

宋代是传统家庭发生近代化转型的重要时期。南宋时期的朱熹设计了一套新的家族制度，宋代及其以后的血缘型的家族制度，大体上就是按照朱熹设计的模式和规范建立起来的。在家庭关系上，儒家的伦理思想对夫妻关系影响逐渐加强，强调妇女守节。但实际上，这一时期女性改嫁的情况仍然比较常见，国法和家法都是允许改嫁的。北宋名臣范仲淹四岁的时候，父亲亡故，母亲带着他改嫁了平江府做推官的朱文翰。继父虽然家境拮据，但并没有歧视他，支持他读书进学。成年后他改回了范姓，他常对儿子和弟子们讲述自己坎坷的少年时光，激励他们要贫而有志，并没觉得母亲改嫁是丢人的事情，所以并不隐晦。可见，两宋时期，尽管理学作为一种学派已经成熟，但是它所提倡的妇女守节观念，并没有同步产生社会影响。

宋代家庭小型化的同时，以血缘关系为纽带的家族组织开始兴盛，以"敬宗收族"为目的的家族组织对这一时期的家庭形态和生计都产生了很大影响。其中，义田是宋代新出现的一种由私人兴办、依托家族力量的赈恤组织。其中，范仲淹建立的范氏义庄是历代公认的宗族制度楷模，"当思范公，顾恤同宗"。范仲淹于皇祐二年（1050年），第三次被贬后在其原籍苏州吴县捐献田地1000多亩设立义庄，田地的地租用于赡养同宗族的贫穷成员。他给义庄订立章程，规范族人的生活。他去世之后，他的二儿子宰相范纯仁、三儿子尚书右丞范纯礼又续增规条，使义庄维持下去。范氏义庄是中国最早的家族义庄，虽然朝代更迭，历经战乱，但一直到清朝宣统年间，义庄依然有田5300亩，且运作良好，共持续了800多年。在范仲淹之后，宋代兴起了很多义庄。义田通过帮助族人来增强小家庭对家族的依赖，并强化了家族的凝聚力，使得宗族制度强化成为这一时期家庭史的一大特色。

家庭规模与结构

宋辽金元时期与汉代以来的情况大致相同，都是以"扩大的核心家庭"即三代五口之家为通常的家庭结构和规模。这一时期的家庭形态比"汉型家庭"的规模大，而且结构复杂，又比"唐型家庭"的规模小，结构也简单，可以称之为"宋型家庭"。这种"宋型家庭"形态主要是在宋代形成的，是宋元时期直到近现代中国大部分地区主要的家庭形态。同时，累世同居的大家庭比唐代以前明显增多了。这是家庭类型发展演变过程中的两个重要现象，也可以说是宋元时期家庭类型的两个突出特点。

所谓"宋型家庭",也属于通常说的"三代五口"之家,其中主要是三代结构,即以中间的壮年夫妇为核心,上养老人,下育子女,都是直系血缘关系。与"唐型家庭"相比,唐代家庭的三代是以最年长的祖父母为核心;宋代家庭的三代则是以中间的壮年夫妇为户主,祖父母属于寄养而不是核心了。家中只有直系血缘关系,因为第三代只是这对壮年夫妇的子女,没有他们兄弟的子女即其侄儿、侄女了。

宋代是家庭结构的转型和定型的重要时期。两个具体的原因直接影响了家庭结构的变化:第一个原因是税役制度和户等划分制度的逼迫。唐中叶以后,均田制的瓦解导致流民大量增加,家庭的不稳定性增强。同时,为了逃避繁重的税役,各家都设法降低户等,方法之一就是尽早地分家析产,分散家产和人丁、缩小家庭的规模。儿子们一结婚就会与父母分开,而且公开要求单立户籍;甚至还没来得及分开时,如果正赶上登记户口、划分户等(每三年闰年一整饬),也声称已经分家,要求从原父母家庭户籍中单列出来,这便是宋代地方官一再说的"诡名子户"现象。唐代是已经分家户籍上却说没分,称为"相冒合户";宋代则是一旦分开甚至还没来得及分开就想把户口单列出来。

第二个原因是家庭的供养能力与供养需要之间找到了最佳平衡点,这是"宋型家庭"形成和定型化的主要原因。从全社会来看,各个阶层的人口比例相对稳定下来,佃农客户约占35%,地主(包括平民地主、官僚贵族地主）在10%以内，自耕农阶层通常占将近60%。宋代自耕农通常是每家平均20亩地，亩产和税率（什一之税）不变，大体可以养活五口人。佃农家庭只要有两个男劳力，也同样可以维持五口人的生活。

此外，累世同居的大家庭形态在宋代也达到了历史的顶峰，宋代是同居共财大家庭最多的时候。但是宋元时期这种同居共财的大家庭已经不是主要的家庭形态，而主要是价值观念的产物，缺乏足够的经济基础，故难以长期存在。当时人们对这种大家庭的描绘很逼真，如会稽唐氏，"其家累世合居，一门之中，隐然成小都聚"，即像个小城镇。宋元时期这种同居共财的大家庭存在的时间一般就是几十年，超过百年的不多，所谓五世而居，比较符合实际情况。这种大家庭的地域分布也很有特点。唐以前两个名气最大的"义门"都在北方，即北魏的博陵安平李家，在河北；张公艺家，在山东寿张。宋代以后影响最大的"义门"则出现在东南地区，如越州会稽裘承询、信州李琳、江州陈氏、浦江郑氏。同居共财的大家庭在唐宋之际由"北盛于南"转变为"南盛于北"了。其中的原因，当与晋朝永嘉年间北方人以家族为群体聚族南迁有关。

与累世同居共财的大家庭相似的，还有一种"同居合活"的大家庭。所谓"同居合活"家庭没有真正共财，而是以析产为前提，仅仅是把诸兄弟的财物暂时放在一起共用，或者是把一家的财物拿出来供兄弟子侄们用。唐五代时期这种"同居合活"的情况,大都是由兄弟之间相互关照的需要引起的。从宋代开始,家族组织的特点和功能由选官、婚配转为"收族"即组织、管理和保护族人,其结果是,在宋代,临时性的兄弟家庭"同居合活"现象少了,累世"同居共财"的大家庭多起来。生存救助的需要由家族组织来完成,兄弟家庭的"同居"从原来的生存需要变成一种对孝悌精神的追求,甚至由实惠的救助变成一种博取"义居"名誉的方式。

婚姻与夫妻关系

结婚本来是一男一女两个人的事,但是在中国古代包括两宋时期人们的观念中,结婚却是家庭和家族的事,婆家对择媳十分慎重。上层家庭讲究门当户对,一般家庭也注重女方家庭的状况(财产、家风)。除了像以前那样禁止同姓近亲通婚外,为了保证选择理想的女子做媳妇,宋代的习惯和家法中还有两个具体限制:一是不搞"幼议婚"。与汉代以来的早婚习俗不同,宋元时期的女子通常到十七八岁才结婚。二是尽量不搞姑表亲。宋代不严格限制表兄妹结婚,不过,宋代人从不利于家庭和睦的角度谈论这种婚俗的害处,认为亲上加亲容易产生矛盾。此外,还有一些选择儿媳的经验性说法,如:"嫁女必须胜吾家者,胜吾家则女之事人必钦必戒;娶妇必须不若吾家者,不若吾家则妇之事舅姑必执妇道。"

对于家庭来说，选择女婿不如选媳妇重要，因为女儿要随女婿到婆家居住，为婆家生育后代。对于女儿的婚姻，娘家最挂心的是奁产和聘财，奁产是女儿出嫁的时候从娘家带到婆家的嫁妆，聘财则是婆家送给娘家的彩礼，自然是奁产尽量少出，聘财尽量多要。

按照传统的礼仪，婚礼应当经过纳采、问名、问吉、纳征、请期和亲迎六个程序。到宋代，司马光、程颐等人简化了这些礼仪程序，综合设计为议婚、定聘和迎娶三个步骤了。在这三个步骤中，作为当事人的女子不仅有着重要的位置，而且有相当程度的自主权。议婚并不全是父母一手包办，父母会用各种方式征询女儿的意见；而且不只是双方父母商议，有时还可以让双方见面相亲。

宋代仍然信奉"多子多福"，如蔡襄说"娶妇何谓，俗以传嗣"。在这种观念和事实的影响下，多生儿子的女人"贡献"大，在家庭中的地位就高，不能生育或只生女儿的女人则没有地位甚至遭休弃。媳妇怀孕后有特殊的保护措施，即使中下层普通家庭的媳妇怀孕后也不再干或少干体力活了，并且特别注意调整日常的饮食起居。娘家也关注女儿的生育情况。宋代有一种"催生礼"，就是在产前一个月左右娘家人送给婆家的礼物，取静卧安养之意；临产的时候娘家还要送上馒头，称"分痛"，即分担女儿的生产之痛。如果生的是女孩，婆家娘家都不太当事；如果是儿子，特别是第一个男孩，则有一套繁琐的庆贺礼仪：孩子出生3天叫三朝，要"浴儿"即给婴儿洗澡；出生7天、

14天和21天为一腊、二腊和三腊，亲戚朋友都要来祝贺；满月的时候外祖父母都要来送钱果等物；百天和周岁的时候还要举行庆祝活动。

结婚、性生活的目的是为了生育后代，所以宋人对夫妻性生活有很多讲究。为了保证多生优生，特别是生健壮、聪明的儿子，在性交的时间和方法上有很多禁忌。同时出于保持血缘关系纯正的需要，对通奸行为严厉惩治，家法和国法都有严格的规定。值得注意的是，两宋时期不仅有一套保证多生优生的方法，而且还有一定的控制人口生育的观念和方法。控制人口的原因，一是人们在生产生活实践中意识到家庭中人口多了消费多，所以需要控制一个适当的度；二是中国传统分家方式的影响，一定数量的家产土地，子孙越多分散得越细碎，后代就越贫穷。

妻子在夫妻关系中原则上处于服从的地位，没有明确的经济权利。法律上把丈夫定位为尊长，妻子定为卑幼，不过，伦理说教和法律规定往往只是纸上的东西，与实际生活有一定距离。例如按传统伦理说教，只有丈夫可以休妻，妻子不可以离婚，事实上并非完全如此，连司马光也说"夫妇以义合，义绝则离之"，女方也有同样的权力。宋代有类似于协议离婚的"和离"方式，而且往往是女方先主动提出离婚的。

与唐代以前相比，宋代确实开始大力倡导妇女守节、"不事二夫"。但结合当时特定的历史背景来看，其本意却主要是出于政治目的，是以寡妇守节来比照规劝大臣们忠君。实际上，改嫁也好、守节也好，都是民间日常生活中的平常事。只是在当时人观念中，这些不是个人的事情，而是家庭和家族的事情，故受到家族族规的约束，更受到家庭需要的限制，所以可以说宋代人对寡妇改嫁的态度主要取决于实用主义的需要。不改嫁，守住原来丈夫的家，上养公婆、下抚子女、支撑门户，当然是最理想的，但是宋代妇女改嫁情况并不少于以往。宋代的律令只是禁止宗室妇女改嫁；至于平民百姓，只规定丈夫死后一定期限内不得改嫁，开始为27个月，最后缩短为100天，以防止寡妇改嫁时无意中带走前夫的遗腹子。宋代史书中也有一些谴责改嫁的例子，但是谴责的往往不是改嫁本身，而是迫使寡妇改嫁的原因，有的是子孙为了尽快分家，有的是官府税役、户等的压迫。

妾又称侧室，是身份地位低于正妻的妻子。正妻只能有一个，妾则可以有许多，也可以没有。纳妾的本意在于弥补正妻生育方面的不足。宋代与前后各代一样有允许纳妾的习俗，但是必须在确认正妻已经没有生儿子的能力之后才可以纳妾。许多家庭的家法都明确规定"四十不纳妾"，即夫妇40岁以后没有儿子，才能考虑纳妾的事。在通常情况下，妾只是充当帮助正妻完成生育任务的"如夫人"角色，不能写入家谱；只有在生了儿子之后才可以在儿子的旁边注明"某妾生"。妾在家庭中的地位很低，不仅是丈夫的性奴隶，也是正妻的奴役对象。按元代以后大家庭的规矩，正妻可以称丈夫为夫、夫君，妾没资格称夫，只能称"老爷"。

寡妇守节，独自承立亡夫的门户，有一种类似招婿入赘的方式，即在婆家招一男子上门，帮助自己料理家务，抚养前夫遗下的子女。这个男子通常被要求改从妻子前夫的姓氏（甚至姓名），称之为"接脚夫"，俗称"坐地招夫"。这种方式表明，要求遗孀守节只是名义上的，实际上是要求其尽义务，只有尽了义务才有资格继管家产。自宋代开始，有关"接脚夫"的记载多了起来。

两宋时期工商业的长足发展已经影响到了普通人的家庭生活。宋代的商人往往外出数年不归，在这种家庭中，妻子自然成了维系家庭的核心，于是妻子的贞节守志成为丈夫对妻子最重要的要求。商人妻子料理家中日常事务，有时也兼管一些生意，夫唱妇随。商人在外与娼妓往来无拘无束，同时却十分看重妻子的守志，等到富有之后又常常遗弃糟糠之妻。此类现象颇为常见。

契丹人建立辽朝之后，其家庭生活中仍然保留着很多母权时代的痕迹。但毕竟进入了父权时代，一家之主是丈夫（父亲），加之与唐、宋交往中受儒家思想的影响，对女性的态度也发生着明显的变化，丈夫对妻子已经有了明显的主导权。除了日常的生产生活，契丹妇女还经常参与军事行动，所以契丹家庭中女人的作用大，扮演的家庭角色也比汉族地区更为重要。契丹人在婚姻方面有一些特殊的习俗，可能是母系时代的遗存。一是姐亡妹续，即姐姐如果死了，将妹妹嫁给姐夫；二是"妻后母，报寡嫂"，即父亲死后儿子可以娶庶母为妻,哥哥死后弟弟可以娶寡嫂为妻。辽朝的王公贵族中流行这种风俗,平民婚俗也是如此。

与契丹人的情况一样,建立金朝的女真人的家庭生活在很长时期内也保留着明显的母系社会特征。在日常的家庭生产生活中,儿媳的地位不高,但在娘家做女儿时具有一定权利、地位,特别是在婆家成为母亲、婆婆之后,作为女性家长,其地位是很高的。金朝建立以后,女真族妇女的家庭地位呈现出明显的下降趋势。中原的汉人家庭到唐宋时期已经不分嫡庶,只要是同一个父亲的儿子都有相同的家产继承权;金朝却特别歧视庶生子,这实际上是对妾、婢的歧视,因为嫡庶是按照生身母亲的身份来划分的。在具体的婚姻习俗中,有很多习俗显示出女真人对妇女的重视和尊敬。首先,与汉族家庭中婚姻决于父母之命、媒妁之言的传统不同,女真人习惯于男女自我"妁受",当时宋朝人称之为"男女自媒"。女真也流行收继婚,称为"妻母报嫂",与契丹人一样,父亲死后儿子可以娶父亲的婢妾,哥哥死后弟弟可以娶嫂子为妻。

元朝蒙古族妇女的家庭地位在公元10世纪以后也经历了一个由高到低的转变过程。最初蒙古族妇女的地位是比较高的,她们能骑善射,与男人一同狩猎出征,高下差别不大。即使在通行多妻制、对女性进行单方面约束的时候,仍然允许"每一个妻子都有她自己的帐幕和家属",表面上是为了方便丈夫轮流到各帐去居住,同时也透露出妻子有自己的财产和奴婢的情况。在平常的生产生活中,蒙古族妇女承担着繁重的家务和生产活动。到成吉思汗的时候,开始像汉族地区的传统那样要求和约束妇女了。元代与金代一样,比唐宋时期、比汉族家庭更歧视庶生子。婚姻习俗则逐渐与汉族人的婚俗趋同,但仍然保留着一些蒙古人特有的婚育习俗。其中最突出的有两个方面:一是多妻制,二是收继婚。蒙古人的收继婚,比契丹人和女真人的收继范围更大,凡是寡居的妇女可以由其亡夫近亲中的任何一个人收娶,称为"转房"、"转继"。可以是异辈,甚至侄子可以收娶寡婶,孙子可以收娶庶房的祖母辈,只要年龄相当就行。

3 家庭中的人际关系

从宋代开始,随着政治型的门阀士族家族制度转变为血缘型的家族制度,理学家们特别重视家庭内部的人际关系。他们把先秦时期《礼记》中有关家长制的内容进行了整理,形成了一批专门著作,最有代表性的是司马光的《家范》、《书仪》和朱熹的《家礼》等。宋代的家训,也把确立家长的绝对权威作为主要内容和目的,直接规定家人要绝对服从家长。

父子关系是小家庭中最重要的关系,最基本的原则是父为子纲,儿子必须绝对服从父亲。元代对理学的重视超过了宋代,对父亲权力的推崇也更厉害。儿子的身份地位首先是按父亲来确定的,同一个父亲的儿子们血缘关系相同,都是亲兄弟;但在一妻多妾的家庭中,同父不同母的儿子又随生母的身份分成了四类：嫡生子、妾生子、婢生子以及私（奸）生子，后三类通称为"庶生子"。嫡庶之间的差别很大，尤其在继承权方面，不仅宗祧继承归嫡长子，身份地位的继承（如族中尊长、恩荫补官等），只限于嫡生子，庶生子没资格参与；在家产继承和独立传承门户的资格方面，庶生子的权益也经历了一个从无到有的发展变化过程。金、元两代对庶子的歧视更严重。

宋代重男轻女观念最突出的体现之一是"溺女婴"成风，特别是东南人口稠密的地区，这种风习更为突出。

宋代可能是最讲究母权的时期，因为与前后各代相比，两宋时期严父的故事不突出，"严母"教子的传说却很多，岳母刺字的故事就是典型代表。但母亲地位的真正提高，通常是在丈夫去世、公婆也去世或者分开过日子之后，寡母当了名副其实的家长的时候。

兄弟关系是家庭中居第二位的关系，提倡兄弟互相尊重，首先是弟弟对兄长特别是长兄的尊重，这是伦理上讲的"悌"。但是由于兄弟分家涉及财产争夺，加上妯娌关系难以协调，所以兄弟在成年之后，关系会逐渐疏远。宋元时期与前后各代一样，对亲兄弟争执的案例一般不严格地依法审断，往往是感化双方，调和了事。至于家庭中的兄妹（姐弟）关系、姐妹关系，由于女子要嫁到另一家去，所以一般年龄越大越疏远，彼此间责任义务也不甚明确。

有人把婆婆的权力概括为"婆权"，认为是女性家庭地位的最高表现形式。女人进入婆婆角色、履行婆权是通过两个方面来实现的:一是教子权,通常讲贤妻良母,相夫教子,当贤妻、照顾好丈夫是义务,当良母、教育好儿子是权力。二是御媳权,这是婆权的最直接体现,也是最主要内容。御媳首先要择媳,娶儿媳原则上由婆婆做主,娶过来以后如果婆媳不和,无论是何缘由,都可以把儿媳休掉。

宋代的女孩子从很小就受到以缫丝织绢为内容的传统"女工"教育,为长大后嫁为人妻当巧媳妇做准备。在婆家,媳妇对家庭经济的贡献较多。除了像在娘家那样夜以继日地从事"女工"纺织、制作衣服鞋袜之外,还要为全家人做一日三餐。作为媳妇,在婆家只有辛勤劳作的责任,没有什么明确的权利,也很容易与婆家人产生矛盾。除了与婆婆的矛盾外,姑嫂矛盾也是很常见的。

宋元时期的家庭中除了姻缘和血缘两种关系外,在上层家庭中还有主奴关系,即主人与所雇佣、收买的奴婢之间的关系。家庭日常生活中使用奴婢是古老的奴隶制的残余,唐代以前相当普遍。到宋代则明显减少,世袭奴隶制被废除,杀奴成了违法行为,奴隶血统论观念也逐渐被人们所摈弃。辽金元时期,特别是元朝,随着蒙古统治者进入中原,给社会生活带来了大量的奴隶制因素,奴婢的数量一下子又增加了许多。元代各种名目的家庭奴婢多数是买来的,也有的是为抵债而成为奴婢,或者是雇佣来的。对奴婢,家中的所有成员都是主人,包括家长、妻妾和子女,他们都有权役使和管束奴婢们。奴婢的命运掌握在主人手中，他们获得自由的途径主要是赎身，以钱买自由，还要取决于主人是否同意。

宋人洪迈在《容斋随笔》卷三中讲到人生的几个年龄段：当时的人们从40岁以后就进入不想再多做事的年龄段，50岁以后就算是老人，要靠子女来赡养了。由于儿子们随着长大结婚一个个分了出去，成立了小家庭，到父母晚年需要儿子照顾的时候，只能自己凑到儿子的家里去成为寄养者。这与唐代的情况很不一样。那些没有后代的户绝之家，老人的养老问题，一般由本家族的近亲负责。作为报偿，他们可以优先得到户绝之家的家产。

4 家庭财产的析分

分家是家庭的传延过程，也是家庭的代际更替方式。从分家方式的角度归纳，有三种情况：有亲生儿子继产承户的家庭，没有儿子需要女儿继产承户的家庭，需要立养子为嗣继产承户的家庭。家产和家庭门户的传继是按照直系血缘关系中的父子关系进行的，有亲生儿子的时候女儿不能享有继产权。宋元时期，从习俗和相应的规定来看，亲生儿子继产承户通常有两种具体方式：一是多次性析产承户方式。多次性析产承户方式最初是与两代人小家庭对应的分家方式，即父母在世的时候儿子随着结婚而陆续分财异居，但是每个儿子所分的家产数量略小于其应得的平均数；到父母年迈或者去世后再分一次，最后分清。二是一次性继产承户方式。父母在世的时候不分财产也不异居，到父母去世以后弟兄们一次性分清。

没有亲生儿子的家庭分家方式很复杂，大致可以归纳为立嗣和遗嘱两种方式。

无儿无女或者有女儿但没有招赘婿的家庭，通常采用立嗣（俗称过继）的方式，即选一个亲戚的孩子作为儿子。择被立嗣人必须经过族人的同意，这便有了范围的限制，通常只能选择本家族的侄儿或侄孙，或者外甥、外孙，不能选择无血缘关系的人。宋代与以前一样也规定不准选立"异姓男"，否则要"徒一年"，连其亲生父母都要受处罚。但实际上选立外甥、外孙的习俗由来已久，官府法令有的时候对此有些限制，主要是就贵族官僚家庭的爵位继承而言的。在民间的实际立嗣过程中，对外甥、外孙没有实质性的限制。

立嗣的方式和手续，有约定俗成的习惯和律令规定。立嗣的时候要订立文书，俗称"立嗣约"、"过继单"，文书中要写明原委、被立嗣人的权利和义务，并且要由当事人、族中近亲和舅父等以"见人"的身份一同签押。

户绝之家的家长之所以要立嗣，并不是为了托付家产，而是为了防止身后户绝；为了让养子担负起为自己养老送终、继立门户的义务，才给了其继承家产的权利。需要用立养子为嗣的方式来维系门户传承的家庭，实际情况往往很复杂。这些家庭大都比较富裕，经常引起分家析产的纠纷。宋代有一套周密的处理办法：其一，把立嗣分成"立继"和"命继"两种。所谓"立继者，谓夫亡而妻在，其绝则立也，当从其妻"，当然丈夫在世时夫妇一同做主也属于这一类；所谓"命继者，谓夫妻双亡，则其命也，当惟近亲尊长"。相应的，在家产继承权方面也规定："立继者，与子承父法同，当尽举其产以与之；命继者……只得家财三分之一"，以示尊重原家庭主人的意愿，这也体现了权利与义务相一致的原则。另外，有女儿不招赘婿而立养子者，如果是立继，家产全归养子；如果是命继，则女儿和养子都有继承权，但由养子承立门户。

第二种，即遗嘱继承的方式。我国古代的遗嘱继承方式是在宋代以后定型的。遗嘱原则上只能在没有法定继承人即户绝的情况下才能使用，才被法律和习俗所承认。遗嘱往往与立嗣方式合二为一，所以这种遗嘱方式实际上是一种"遗嘱—立嗣"继产承户方式。

遗嘱的方式，主要有口头和自书（书面）两种。口头（含代书）遗嘱，是在立遗嘱的人不识字或者因病不能执笔的情况下，口头嘱咐身后家产的处理，让当事人（主要是晚辈）遵守就可以了。由于遗嘱"若曰口中之言，恐汗漫无足据，岂足以塞公议之口"，所以多数人为了防止日后发生争执时口说无凭，口述的时候还常请人代书。事实上，口头遗嘱尤其是涉及财产数量较大的时候，大都要请人代书，付诸文字，以为凭据。自书遗嘱是遗嘱的主要方式，口述并请人代写的遗嘱也可以算作这种方式。除了上述两种方式之外，两宋时期的遗嘱还有一种特殊的方式——家训。古代士人常在晚年把自己一生治家处世的经验整理成文字，传给后代。家训的内容很广泛，所谈的不全是分家的问题，但大部分家训都包括分家的内容。

订立遗嘱的手续也有约定的习俗和具体的规定。第一要经过族中近亲的同意，但是不能违背立遗嘱人的意愿。第二道手续是官府盖印。宋代明确规定，"诸财产无承分人，愿遗嘱与内外缌麻以上亲者听自陈，官给公凭。"官府盖印意味着法律的承认和保护，所以有"经官投印，可谓合法"之说。在无合法继承人的户绝之家，遗嘱给内外缌麻以上亲属（本家侄儿或外甥、外孙）的时候，官府盖印之前是要严格审核的。

伪造遗嘱是巧夺遗产的惯用方法，律令规定遗嘱继承法时专门提出要将遗嘱"证验分明"。发现遗嘱有伪造嫌疑的时候，审理者通常是"先论其事理之是非，次考其遗嘱之真伪"，把论理和辨伪结合起来。事实上，论事理大都是在发现伪造嫌疑时起作用，而辨别真伪才是审断的关键；辨别真伪的主要方法，就是核对笔迹。对有悖常理的遗嘱，官府可以改判履行方式或予以销毁。

总的看来，到了唐代以后的宋元时期，传统的分家方式即家庭的传延方式已经发展到了相当周密的程度，形成了一个以诸子平均析产承户为主体，辅之以女儿继产承门户以及立嗣、遗嘱等方式的完整的分家方式体系。一个家庭只要是有一定的家产，不论有女无儿还是无儿无女，都有现成的办法，把家庭门户传承下去。这应该是传统个体小家庭发展成熟的一个标志。

妇女可以同时继承娘家家产和婆家家产。有子嗣之家的女儿不能直接继承家产，在没有亲生儿子的家庭中，女儿继承娘家的家产，通常要用两种方式：第一是招赘婿上门，第二就是让娘家立自己的儿子为嗣。

在有女无子而又不准备立嗣的家庭中，女儿在未出嫁的时候父母死亡，能继承全部家产；如果父母死亡的时候已经出嫁，只能继承三分之一到二分之一，其余部分归族中近亲或者没官；即使未出嫁的时候继承了全部家产，出嫁的时候带走也会受到族中的干预。如果女儿想永久地继承娘家的全部财产，就需要招婿入赘。将各代进行比较，赘婿记载最多的是元代，这在《通制条格》和《元典章》中可以明确地观察到。元人徐元瑞《吏学指南·亲姻》说，元朝招赘婿的方式有四种：一是终身在女家，并改从女方姓氏，子女姓氏也随女方，称"养老婿"或"入舍婿"；二是不改姓，待女方父母亡后携妻儿回原籍，留下一个儿子继承女方门户，称"归宗婿"或"舍居婿"；三是规定在女家的年限，年限一到即携妻儿离开女家另觅居处（实际是出不起聘财以劳役抵之，并且娶的多是女方家中的婢女），称"年限婿"；四是夫妻婚后仍然分住在各自的父母家中，待女方父母亡后再商定在何处安家，称"出舍婿"。这四种赘婿都要承担为女方父母养老送终的义务，并且有直接或间接继立女方门户的责任；但只有第一种赘婿能继承全部家产，后三种只能继承部分家产。不同种类的赘婿之所以有不同程度的继产权，是基于其（实际是其妻）对女方家庭和父母所尽义务的不同而定的。

在有子嗣的家庭中，女儿间接继承娘家家产的主要方式是奁产陪嫁。两宋时期的人特别重视奁产陪嫁问题，女方给男方的"草帖式"和"定帖式"中最主要的一项内容就是随嫁奁产的种类和数目，有日用衣物、首饰，也有钱财和随嫁田产。奁田又称"随嫁田"，所有权归妻子本人，随嫁带到婆家以后可以伴随其终身，丈夫兄弟分家的时候也不能干涉。不过，奁产归妻子所有主要体现在丈夫亡后或离异之时，正常的家庭生活中奁产往往是夫妻并主之。

妻子继管夫家家产，通常发生在丈夫去世后，即遗孀继产承户。丈夫去世以后，遗孀要想长久牢固地继管亡夫的家产并不容易，她必须以矢志守节即不改嫁为代价，承担起亡夫的所有义务，包括承立门户、抚养子女以及照料老人，由此才能有继管亡夫遗产的权利。分家的时候如果丈夫已经去世，在代位继承制下是"子承父分"，只提孤儿，没提寡母；在没有儿子的家庭中，遗孀也可以继管亡夫的遗产，但是寡母（不论妻妾身份）继管权再大，也不是继承权，也就是说不具备所有权。丈夫去世而没有儿子，需要立嗣的时候要由遗孀做主，因为立嗣直接关系到家产的处置问题。宋代规定"立嗣合从祖父母、父母之命"，丈夫在世时妻子可以参与意见；"夫亡妻在，则从其妻"，即由遗孀自己做主了。如果改嫁他人，原则上就不能继管亡夫的家产。但如果是携带子女改嫁，可以带走前夫的部分家产；如果没有子女或抛下子女而嫁，只能带走随嫁奁产。

5 家庭生计

宋元时期，乡村中的普通农民家庭的劳作方式仍然是传统的男耕女织、老幼协作方式。这一时期大部分地区特别是中原以北地区，普遍推广了夏秋二作制，相应地要一年忙三季，只有冬季可以休闲。

与唐代相比，宋代的农业经济有比较明显的发展。首先是人口数量和土地利用面积的增加。土地利用率提高以后，从全社会来看，就可以有更多的农民从田野里走出来，专门去从事工商业；也可以不离开田野，把一部分原来种粮食的田地改种经济作物，进行商品生产。所谓农村专业户，是指乡村中原来从事农业生产的民户，改为从事以交易为目的的生产活动，而且已经专业化了。宋代文献中常有"茶户"、"漆户"之类的称呼，以及某村民"以桑蚕为业"、"以艺茶为业"的记载，说明从这个时期开始，农村家庭的生产出现了一些新特点。

在古代的家庭生活中，节俭是普遍认同的持家原则。宋人的家训中都把能否节俭视为家庭盛衰的根本原因，而且上升到了道德的高度。家训的作者们还对如何节俭提出了一些具体的办法。在家庭消费上与节俭并行的另一个原则是"量入为出",即依据家庭收入的情况来决定消费支出的多少,这也是宋人家训中谈论较多的话题之一。一般的家庭除了最主要的衣食住行消费外,还有一些固定开支:一是租税,二是购买农具的费用,三是婚丧费用,四是在家族或乡村组织的地域性公益、娱乐活动中摊派的一些钱物。

在日常的家庭生活中,盖房是最大宗的开支。宋元时期,人们选择家庭居住地、盖房子的时候要看风水,也叫看"阴阳宅",阴宅是坟墓,阳宅就是房屋。在当时人们的观念中,家庭居住地的好坏关系到家庭的盛衰和子孙的前程。元朝时无论汉族还是游牧民族,都喜欢有水的地方。房屋的建筑材料有城乡的差别,乡村中普通家庭的住宅房舍仍然以茅草房为主。普通农家的住宅最少需要两三间茅屋,有的学者称为"双间制"结构。城镇中的普通家庭房顶用瓦铺,墙壁不用土坯、泥巴而用砖砌,俗称为砖瓦房。

宋元时期人们的主食结构,北方以小麦和小米为主,南方以大米为主,继续维持着历史悠久的"南食"和"北食"两大系统。不过,随着两宋之际战乱中北方人的大量南迁,农民带去了种植粟麦的生产技术,官员带去了吃麦面和小米的生活习惯,南方人也开始食用麦面和小米了。到南宋后期,南迁的北方人已经"水土既惯,饮食混淆,无南北之分矣"。在都城临安的饮食中已没有明显的南北界限了。但是在家庭日常生活中,尤其是南方乡间中下层民户家庭变化慢一些。魏晋以前通行一日两餐制,称为早、晡两食,分别在早晨和下午的时候吃。宋代的习惯已与今天一样,一天要吃早午晚三次饭。元代民间也是一日三餐,但三顿饭并不是平均食用的,其中有一顿只是简单地以"小食"充饥。元朝时人们已经认识到:"夫养生必以谷食,配谷必以蔬茹,此日用之常理,而贫富不可阙者。"蔬菜是仅次于粮食的食物,无论贫富都需要。茶叶在唐代以前还主要是上层社会以及寺院的一种特殊饮料,在宋代以后则为社会广泛需要,已经进入普通人的家庭生活之中了。酒则是仅次于茶的饮料。

宋元时期特别是宋代各种技术有明显进步,医学在唐代的基础上也有进一步的发展,许多卫生保健知识受到了重视。在宋人观念中,养生之道首先要注意平常家居中的饮食,主张"慎饮食",具体说就是食物要清洁,食量要节制,多吃新鲜蔬菜。元朝人也讲究饮食有节,认为节食有助于健康。宋元时期人们注意卫生保健的一个突出方面,是在日常生活中养成了勤洗澡的习惯。上流社会的文人官员通常是10天洗一次澡,称为"沐日",而且官员们在这一天可以休假。不只是有文化的人士,一般人也注意勤洗澡,元朝的大都(今北京)有很多澡堂,称为"混堂",可以洗澡,还可以梳头、挠背、剃头和修脚。民间家庭生活中也有洗澡的习惯。

从宋代开始棉花种植逐渐扩展,到元明特别是明清时期才真正普及开来。所以,宋元时期的衣料还是以丝麻为主,上层家庭用绢帛,中下层家庭用麻布。在农民家庭中麻布和绢帛都是自种自纺,通常都不需要通过市场。袍子是宋代男子最常穿的衣服,不论官民、老少,都习惯穿用。家居则常穿比袍子短的袄(襦)。元代将宋代的一种短上衣改成了没有袖子的"褙褡",后来成了背心。妇女普遍装束是上穿袄襦,下穿裙子,各阶层都通用,只是用料不同,有用绢帛,也有用麻布做的。

除了农村的专业户以外,一般的农民家庭也经常到邻近的集市上做些简单的交易,这些乡村农户虽然保持着自给自足的生产生活方式,但也不能完全脱离市场,需要通过市场交易来获取生产生活必需品。宋代商品经济的发展出现了新的趋势——从城市走向乡镇,农村市场超过以往,也形成了比较固定的形式和渠道。通过这些形式和渠道,小农家庭与市场发生着经常性的联系。

宋代的桌椅与唐代最大的不同是,随着人们由原来的席地盘腿而坐改为垂足直坐,椅子和桌子都比以前高。各种椅子、凳子的共同特点是腿高了,坐在上面要双腿直垂,上身挺起。这样一来,桌子相应地也高了,不再是过去席地而坐用的"几",而是高到人腰际的"桌"。

宋元时期出远门较多的有两种人:一是商人,宋代的商人相当活跃,足迹遍布城乡,甚至远赴异乡经商;二是士人官员,士人科考要去州府或京师,考中做地方官有回避制度,要到比较远的地方。一般人家出行所使用的交通运输工具仍然以畜力为主,马、驴、骡以及牛是陆地交通的主力。民间使用的牛驴车以及人力车，可以分为客车和货车两大类。出门的时候除了坐车，更多的是骑马坐轿以代步。在水路上则主要是乘坐船筏。

游牧为主、农业为辅的生产方式决定了契丹、女真和蒙古人的生活习俗特点。契丹人和蒙古人在漠北游牧，流动性大；女真人最初在东北，居住地需要能抵御冰雪寒风的侵袭；交通工具也必须便于他们在大草原上自由驰骋，长途往返。

公元12世纪前后，在相当于今天的山西、河北北部到内蒙古的赤峰一带，是契丹人游牧的地区。在草原上到处散落着契丹人居住的帐篷，北宋的文人们称之为"穹庐"。这种帐篷用毡覆盖顶部，四周为布，用木柱支撑，呈圆形，门口向东开。一顶帐篷里面就是一个家庭。除了帐篷以外，契丹人也有房屋，是靠近汉族地区的契丹人住的。契丹人生活在草原上，有大量的马、牛和骆驼，这些牧畜可以供人食用，也是重要的交通工具，可以骑乘、拉车和驮运东西。

女真人最初在东北的时候没有居室，过着游牧生活，用牛驮或牛车拉着全家的各种生活用品，需要休息或遇到风雪需要遮蔽的时候，就打开携带的帐幔支起帐篷。后来发展到用长白山森林的木材作房屋，还有的女真人在土坡上挖坑，坑上用木板覆盖，建成半地下室式的居所。无论是木板房还是地下室式的居室，都是在冬天居住用的，其他季节特别是夏天则逐水草而居，迁徙无常。女真人最初和入主中原以后相当长的时期内，都是以马代步，用马、牛、驴、骡、骆驼和羊来拉车,在附近狩猎或出门远行的时候都要骑马,他们也很善于骑射。

蒙古人是典型的草原游牧民族,没有定居的习惯,随着季节的变化逐水草而居,居住的帐篷称作毡帐、穹庐,俗称蒙古包。常用的毡帐是圆形的,可以折叠,按照家庭人口的多少制作大小适用的帐篷,小的一匹马就可以驮走,大的要用车拉。中等以上生活水平的家庭的毡帐里面全铺地毯,正中间留一块地方架火塘做饭,在火塘中用炉子或火盆烧晒干的牛粪马粪。蒙古人与契丹人、女真人都用帐篷,但蒙古人在帐内供奉神像,契丹人和女真人则没有这种风俗。蒙古人是典型的"马背上的民族",男女老少都能骑善射,生产生活离不开骑马。

观察宋元时期乡村农家经济阶层的分布情况,一个比较现成而又相对准确的角度是户等制度。户等制度是户籍制度的分支,为了按各家财产的多少有差别地征派不同的税役,把各个家庭划分为不同户等的时候,需要详细登记各家的财产状况。这就客观地记录了当时各地乡村农家的经济状况和经济阶层的分布情况。经济阶层明朗化的主要标志,就是第一次出现了主客户的划分方式。主客户的划分在宋代以有没有田产为标准,主户阶层在宋代是承担赋税徭役的主力。唐以前是将所有的乡村农民家庭划分为三等或九等,宋代则剔除了客户,专门将主户家庭划分为五等了。

宋代划分户等的主要依据是各家田产的多少。登记各家的田产有时按田和浮财分别登记,有时把这两者合并总计作价，称为"家业钱"。分别登记田产的时候首先关注的是田地。登记田地也是以家庭为单位，有两种具体办法：第一种是直接登记各家的田亩数量，按数量多少来大致划分户等；第二种是不直接登记田亩的数量，而是按田亩的税钱来计算。最苛刻的是登记各家的"浮财"。本来官府对"浮财"的范围有过规定，即除了田亩之外的房屋、树木、畜产和农具等，都属于比较大的用物；但是在实际登记过程中，浮财的范围是没有边际的，凡是家中有的、被乡间小吏们看见的都可以计算在内。每三年登记一次，对各家各户来说无异于被抄了一次家。

到底田产达到多少算第一等户、多少算第二等户呢？实际上并没有统一标准，而是以州县为单位，由地方自己掌握，根据当时当地的需要规划各等民户的比例。这就更增加了乡间小吏籍查各家财产的时候做手脚的空间，增加了划分户等的混乱程度，也增加了中下层农民家庭的生活压力。不过，从全国范围来看，各等民户之间的比例还是有一个大致的标准。北宋初到南宋末各地区主户与客户的比例均为65∶35，乡村中一直有大约三分之一的家庭没有基本的生产资料，完全靠当佃农、雇工为生。至于主户中各等户的比例，是上等户（一二等户）最少，中等户（三等户）的数量居中，下等户（四五等户）最多，呈金字塔型。宋代的乡村五等户制度尽管立制的本意只是为了便于征派赋税徭役，客观上却是对当时乡村农家经济阶层的精确划分和记录。

宋代的客户从官府征派税役的角度而言，是无资产、无赋税负担的民户；从租佃关系上讲，则大都属于佃农、雇农，以至有"佃客"连称的习惯。佃农客户以家庭为单位从事农业生产活动的时候，可以租用官府的牛，也可以租私人地主的牛。租用地主的耕牛，主要有两种方式：一种是客户家中的男劳力离开自己的家庭，到地主的私庄中去集中耕作；另一种更广泛的是分散出租。宋代私家出租耕牛多是按分成方式收取牛租，而且把地租和牛租分开计算，一并征收。总的看来，私人地主出租耕牛的牛租额为十分之一，与土地、农具、籽种及饲料合计，要占总收获量的六成至八成，具体耕作的客户家庭只能得到二至四成的收获。在负担地租、牛租的情况下，通常五口之家的客户必须租用一头牛、50亩地才能维持正常的家庭生产生活。一个客户家庭如果不租赁耕牛，只用人力去租地耕种，则很难维持全家的生活。

城镇工商业家庭称作"坊郭户"，包括商贾、手工业者和其他市民。坊郭工商家庭的户等划分也是依据资产，与乡村不同的是完全按资产，不考虑人丁。工商家庭的财产通常分为动产和不动产两大类，划分户等的时候把这两大类财产分类统计后综合评定。在城镇工商家庭的户等划分中，以一至五等为上户，六至十等为下户。官府经常把六等以下家庭的役钱和摊派任务免除，说明六等户以下的家庭是比较贫穷的。

与两宋一样，辽金元三朝都有户等制度。辽朝曾经实行三等户制，把民户划分为上户、中户和下户三个阶层，比宋代简单，而且不分主客户。金朝的户等记载比较明确，称作"通检推排"，也是不分主客户和城乡家庭，只按各家的财产和人丁划等级。"通检"是每隔三年的正月登记各家的人丁和财产，"推排"是按各家的人丁和财产排定户等，还有专门的"鼠尾簿"，取其由大到小之意来登记户等。元朝户等制主要不是续接宋代主客户基础上的五等户制度，而是恢复了唐代全体民户的九等户制度。元代还实行一种"诸色户计"制度，也称"色目"，即各种名目、各个种类的户，是登记户籍的时候使用的特殊的分类方式。其划分依据有著籍早晚、负担能力大小以及税役种类等，目的也是为了征派税役。科差和役类是元代户等制度作用的两个主要方面。

6 宗族与家庭

宋代以后血缘型的家族组织与此前政治型的家族组织不同，不再以选官和婚配为主要目的，而改为"敬宗收族"。

收族，即通过排辈来收拢族人、帮助族人的方式。为了准确地辨认和掌握家族中个人、家庭与家族之间的关系，首先需要修撰族谱。宋代修族谱以小宗为基础，只详细记载高祖以来的成员，在开头追述一下族源，再往上就不详细记载了。习惯上族谱30年（逢甲午）一小修，60年（逢甲子）一大修。族谱的内容很多，是正史的缩版，其中最可靠、最有用的是最近几代人的相互关系的记录，可以用来辨认世系辈份。名是表示一个人的血缘关系和辈分最重要的标志。同一个家族的男子或以千字文为序代代相排，或自取几句吉利语，也有皇帝赐字辈的；同辈都用同一个字，代代不乱。女子排名不严格，可以与兄弟连排，也可单独排序。名字的取用被层层规范，人（主要是男人）也被严格而准确地放在家族关系网的某个点上。

敬宗，主要是通过一系列祭祀长辈的仪式，对晚辈进行教育的同时，联络族人的感情，达到增加各个小家庭对家族的向心力的目的。首先是设置祠堂，形成空间上的向心力；其次是利用血缘祭祀来激发同宗共祖的情感；再次是利用发丧时穿的丧服对晚辈进行个人、家庭与家族关系的教育；最后是订立族规，让每个人、每个家庭都来维护家族的利益。

家族的共有财产已经不占主导地位，家族主要是在重大活动中起一种组织、协调和帮助作用。家族对各个家庭进行帮助，主要是用族田的收入为族中的穷困家庭提供衣食，也有一部分家族通过义庄（田）的形式发挥同样的作用。族田，包括祭田、学田，是家族的公有田产。义田，又称为义庄，是宋代新出现的一种私人兴办的赈恤组织。族田是族人一代代留传下来的公有田地。义田则是某个族人自己购买置办的，或者是从自家田地中拿出一部分专门设立的。家族和一般族人没有义田的所有权，其所有权归置办者，只是在经营和使用的时候借助了家族组织，所以与族田有一些表面上的相似之处。而且义田的收获物全部用来赈济全体族人的生活，不像族田那样只用收入的一小部分资助贫困的族人。

除了家长对子女的日常训导、言传身教和定期在祠堂里给晚辈讲家训族规外，有组织的家教形式主要是学校。私塾在宋元时期是乡村中主要的办学形式和进行家教的场所。儿童通常是六七岁开始读书，称为启蒙、开蒙。一般家庭让孩子认几个字就行了，上层富裕家庭则要让子弟一直读下去，直到把该读的书读完，能够参加科举考试才算完成了家教阶段的学习。可能是出于同族互助和节省财力的考虑，私塾很少有一个家庭单独开办的，多数是相近的几个家庭合办，或者以家族的名义创办，由族田（学田）的收入来支付私塾费用的多是家族学校。宋元时期，随着家族组织的"敬宗收族"作用的突出，作为"收族"重要方式之一的家族私塾学校也受到高度重视，称作义学、义塾、家塾等，不仅由家族提供先生的费用，还为有读书科考能力的贫穷家庭的子弟提供助学费用。

家教的内容以文化为主，也讲一些为人处事的道理和方式。这个时期的童蒙读书以"三书"为主（通常合称为"三百千"，即《三字经》、《百家姓》、《千字文》），都含有文字、历史、经学与理学、杂识等知识，除了上口的韵文外，还运用故事、诗歌、格言、警语、乡谚、民谣等多种形式，进行日用文字、生活常识和伦理道德方面的教育。私塾的教育内容也是以识字为手段，教给子弟们生产生活知识、灌输伦理道德观念、讲述为人处事的经验。关于生产生活知识的教育主要有三个方面的内容：一是自理自律，二是独立勤俭，三是生产生活技能。宋元时期的家教特别重视灌输伦理道德观念，因为家教著作的作者大都是当时的理学家。在总体强调学习儒家学说的同时，宋元时期的家学还注意从四个方面入手，具体教导子弟：一要有廉洁自律的品德，做人要正派，不能做奸邪不正道的事；二要有远大志向，最好能够耀祖光宗，至少不能辱没门风；三要有毅力；四要孝敬父母长辈，友爱同辈和晚辈。宋元时期的家教著作和父母对子弟的教育与前代一样，也常讲一些为人处事的原则。比如常讲两个原则：一是交朋友要慎重，近朱者赤，近墨者黑，千万别让坏朋友带坏了；二是说话要谨慎，祸从口出，话多了不好，要像孔子讲的那样，对事情要敏感，但不要轻易说出自己的真实想法。

第六章　传统家庭的鼎盛：明清时期

明清时期是我国传统家庭的鼎盛时期，也是衰落前最后的辉煌。这一时期的家庭规模延续了宋以来的三代五口结构，婚姻关系强调"论财"，童养媳成为许多贫困家庭的婚姻模式。对女性守节的强调达到了历史上的顶峰，官方定期对符合条件的节烈贞孝女子进行旌表，民间寡居守节的女性数量也日渐增多。"饿死事小，失节事大"的观念，在这一时期深入人心。国家大张旗鼓地旌表节妇烈妇，对地方社会造成了很大的影响。福州旧俗以家有贞女节妇为荣，如果已经出嫁的女子丈夫死亡，父母兄弟都会逼迫这个女子自尽以光耀门楣。《儒林外史》中描写，徽州王玉辉在女婿死后，见女儿有意殉节，不但不劝说，反而对女儿说："我儿，你既如此，这是青史上留名的事，我难道反阻拦你？你竟是这样做罢，我今日就回家去叫你母亲来和你作别。"听到女儿绝食自尽后，他仰天大笑说："死得好，死得好！"这样的情形虽不多见，但是当时确实普遍地以女子再嫁为耻，尤其是缙绅之家，更是不容许女子失节。

家庭规模与结构

在明清五六百年间，家庭规模虽然各时各地不尽相同，但差别不大，三分之二以上的家庭在3~7口之间，平均家庭人数为4~6口。一般家庭人口在5口上下，官僚士绅等较为富裕的家庭人口会多一些。这些家庭的规模并不大，但从结构上看，却相对复杂。一般地说，一家三个孩子、父母亲，再加上一个祖父或祖母，共6口，就构成了常见的主干家庭。至少有五成以上的人生活在这样的大家庭中。大家庭和小家庭大体旗鼓相当，所谓的大家庭也只是三代同堂，真正结构复杂、人口众多的大家庭仍是非常少见的。但是大家庭更体现了当时社会的主流价值取向和时代特征。

明清时期的家庭中，平均有三四个孩子，但独子和二子家庭占多数。当时独子现象的大量存在（占三分之一强），从客观上就使大量家庭失去组成联合家庭的可能。与此同时，在独子的情况下，与父母分爨的可能性较小，所以大大提高了主干家庭的概率。这一点，对主干家庭成为当时的主流家庭类型具有重要的影响。

当时男子平均初婚年龄为22岁左右，生育年龄为26岁多。这样，其50岁左右的寿命可以使主干和直系家庭成为可能，但维持的时间却不长（只有3年多），还不足以看到孙辈的诞生。而女性因平均生育年龄要比男子约小3岁，而寿命长3~5岁，因而能使这一时间增加到10年左右。假设一个母亲23岁生子，儿子22岁成婚，那么，这位母亲45岁时，其家庭成为主干家庭。若其寿命为一般的55岁，则维持大家庭的时间为10年。若设定其孙子的婚姻年龄也为平均数，则在其去世12年以后，这一家庭又可能成为主干家庭。由此可见，在客观上，在一个家庭的发展过程中，维持大家庭和小家庭的时间大体相当。

在明清时期，国家对大家庭不仅采取积极的倡导策略，而且还在法律上予以保护。一般认为那些结构复杂的大家庭大多出现在富裕的官绅阶层之中，其财富有利于形成和保持规模较大、结构相对复杂的家庭。但是，当时较大规模的移民流对家庭规模的扩大和家庭结构的复杂趋向起了一定的抑制作用。

婚姻与夫妻关系

明清时期，择偶这一直接与婚姻相联系的行为，在制度与礼法上，无疑应由当事人的父母与尊长来主导；事实上，当时多数人的择偶也的确都是由父母来包办的。但只要存在青少年男女交往的空间，爱情与私定终身也就不可避免。关于择偶，当时人谈论得最多的要数"门第相当"与"论财"了，这也是当时主流社会在择偶时最为关注的两个内容。清代康熙间著名的清官于成龙在其亲书的《治家规范》中指出："结亲惟取门当户对，不可高攀，亦不可就下。"清代的邵长衡曾写过一首题为《财婚》的诗,称:"古人重嘉偶,今人重财婚。"表现了当时人为子女择偶时特别看重对方财产的现实。不仅普通人论财,官僚士绅也在所不免。人们在择偶时首先注重的是选择对象的家庭状况,即门第和财产;此外,也会关注当事人个人的情况,比如才德、品性、外貌、年龄等。当时人们在择偶时,除了有因为身份、地位和财产等差距形成的无形鸿沟外,还存在政治和阶级方面的诸多限制。其中最显著的是良贱不婚,即良民包括官绅和平民不得与贱民通婚;还有一些更细的规定,比如,《明律》中规定在任官吏不得与所管辖地区的妇女结婚,有封号的命妇在夫亡后不可再嫁等。在民族界限方面,清王朝作为少数民族政权,制定了不少限令,比如编入八旗的旗人不能与普通民人结婚,南方苗族等少数民族以及台湾的土著番民禁止与汉人通婚,蒙汉通婚也在禁止之列。总的来说,青年男女择偶的范围是比较狭窄的。中表亲非常盛行,在士绅中还存在世婚制,其中最为典型的要数桐城张、姚两家之间相互婚配了。此外,邻近地域的婚配也占优势。

明清时期,皇室与品官之家婚配时基本会按照六礼来进行。不过对民间社会来说,这一程序显然过于烦琐,人们依据的主要是《朱子家礼》中简化的三礼:纳采、纳币、亲迎。而且,总体上,婚姻礼仪呈现出日益简化的趋向。但不管怎样,订婚和结婚两个环节是不能省略的,即首先要请媒妁提亲,交换生辰八字,议定婚姻,然后隔一定的时间正式迎娶。

在结婚之前均有订婚这一程序,即聘定。聘定关系一旦确立,就具有很强的礼俗和法律上的约束力,若没有什么意外(比如未成年而夭亡)或特别的理由,也就不能再变更。如果单方面变更,首先会受到舆论的谴责,其次还会受到法律的惩处。聘定关系确立后,双方家庭就会互称亲家,成为亲戚。若一方夭亡,另一方家庭往往依然将聘亲视为亲戚,两个家庭间也常常保持亲密的关系。一些女当事人,一旦聘夫夭亡,往往抱着"从一而终"的理念,要求同归于尽或为夫守贞。明清时期方志的《列女传》中有"节女"与"贞女"之别,所谓"贞女",就是未婚而殉节或守贞者。

定聘的年龄普遍较小,从尚在腹中到20岁以上不等,不过大多集中在5~19岁,特别是5~14岁间。大体有三分之二的男女在14岁之前已经订婚。亲事聘定后,需要等上一段时间再正式迎娶,普遍的情况是2~10年。结婚的年龄,当时法律规定是男子16岁,女子14岁。从实际情况看,当时民间社会早婚现象多有存在,在不同社会阶层中,中上层的男子初婚年龄与下层男子相比,明显集中并偏小,而女子则差别不大。当时很多下层民众之所以婚姻延期,很重要的原因是因为贫困而无力负担必要的费用。

婚姻所需费用主要是财礼(男方)和嫁妆(女方)。财礼费用,数量上随地区、阶层等不同而差异很大,"婚娶论财"习俗使得婚嫁费用成了普通家庭的沉重负担。以童养媳减轻婚嫁负担的习俗在民间普遍存在。

当时的娶妾者大抵不外乎有身份地位或有钱者。男子纳妾的目的大体有：一，作为地位和权势的象征；二，生育儿子，繁衍后代；三，协助处理家务；四，夫妻关系不好，以此缓和矛盾；五，贪恋美色，满足肉欲。由于为制度和习俗所允许，只要条件许可，男人大多愿意纳妾，但由于受财力、妻"妒"等因素的影响，实际上当时人纳妾的比例是很低的。绝大多数（当在97%以上）男子并无纳妾的经历。至于纳妾的数量，多数都在1~2人。在构成婚姻的条件上，纳妾一般只要立有契约即可，文字与买卖奴婢者类似。妾不仅出身低微，而且娶妾一般不需像娶妻那样举行正规的仪式。获取的手段或为买卖而得，或是别人进奉的礼物，所以妾之于夫，乃是奴主关系，并不拥有独立自主的人格，而且只要主人愿意，便可随意出卖或转送。妾的境遇很大程度取决于主母的性情。在当时的环境中，即使丈夫有心偏爱妾，但若遇外力的干预，妾也难逃厄运。一旦丈夫身死，妾就更成了主母刀下的鱼肉。特别是没有儿子的，往往会被迫改嫁甚至被嫁卖。

女子招夫婿入女方家庭生活的婚姻，就是所谓入赘婚，一般有两种形式：一是初婚女儿招婿，另一种是寡妇招夫。民间为女儿招赘虽然为法律所认可，但法律上只承认其养老的职能，继承宗嗣则不在法律允许的范围之内。正因为并不能进入岳家的宗嗣，赘婿在岳家的地位是不稳固的。在特别强调宗嗣的社会氛围中，若非迫不得已，人们显然不愿入赘为婿。当时男子之所以入赘，绝大多数情况是因为家穷，难以凑足必要的婚姻费用，或者家庭兄弟众多，没有足够房屋可以居住。而女方之所以招赘，则主要是因为没有儿子，希望招婿养老和承家，也有的是基于对劳动力的需求或钟爱女儿不忍其出嫁。另外一种入赘婚即寡妇招夫，指寡妇再婚但并不出嫁，而是将后夫招入婆家的一种婚姻。这种婚姻虽然不是普通的婚姻形式，但在当时也是比较常见的。这大抵发生在那些普通但具有一定田产的人家，而入赘者大多是一些贫苦无依、无力婚娶的男子。他们被招入寡妇之婆家后，需要承担养育原夫父母和子女的职责，所以往往称之为"坐产招夫"。而且与赘婚不同，赘夫必须随寡妇婆家之姓。

童养媳婚姻是指女子在年龄较低的阶段被领到婆家生活，等达到合适的年龄，再略具仪式，正式成亲的婚姻形式。这种婚姻据称最早出现于宋代，进入明清后有逐渐盛行的趋向。特别是到了清代，已遍及全国各省区，尤以南方为甚，北方地区相对不如南方普遍。童养媳与未婚丈夫在名分上虽比普通聘定未婚男女更进一步，但与正式夫妻仍有实质性的差别。童养媳婚姻被认为是"不能具六礼"的婚姻，婚姻仪式要比普通的明媒正娶简单得多。由于童养婚不具"六礼"，故"辄为人所蔑视，翁姑亦往往虐遇之"。而且自小生活在婆家，无力保护自己，遭受虐待也就不足为奇了。

在夫妻伦理中，妻处于明显的从属地位。在法律规定上，夫也处于明显的优势地位。比如，刑法中有关命案和斗殴的规定，都绝对对丈夫一方有利。丈夫可以随意殴打妻子，只要不是折伤便无法律上的责任，假如妻子柔顺不愿告官的话便是折伤也没关系。在当时社会文化情境中，如果丈夫通情达理，妻子委婉顺从，夫妻相处很好甚至感情弥笃的也大有人在。但在当时的主流观念中，夫妻相处的理想模式是"相敬如宾"，恩爱与亲昵是被流俗轻视的。夫妻之间至少在别人面前不能有亲昵的举动。当时有大量烈妇殉情的事例，这些行为的出现固然与"从一而终"的礼教关系密切，但确实也有些妻子的殉节存在着夫妻情深的因素。由于礼教中夫权和法律上丈夫特权的存在以及男女生理上的某些差异，使得妻子一方整体上往往处在受害者的境地。妻方的弱势在实际生活中至少表现在以下两个方面：首先，在当时比较普遍的家庭暴力中，妻方大致总是受害的一方。其次，在夫妻性关系上，妻方也处于明显的弱势，大体而言，性对于丈夫而言较多的是一种权力，而在妻子则更多地表现为一种义务。在现实婚姻中，虽然在情理上双方都会有对对方性忠诚的要求，但有关监督和制止婚外性行为的观念和规定却是单向的，即只要求妻子对丈夫忠诚。此外，丈夫还具有休妻甚至卖妻的权力。

离婚的古法是"七出"（即妻犯无子、淫佚、不事舅姑、口舌、盗窃、妒忌、恶疾则出之）和"三不去"（即虽犯"七出"但有所取无所归、曾持舅姑三年丧、前贫贱后富贵，有此三条则不得出之，恶疾与淫佚两条不在此限），明清时期的法律也沿用了这一规条，但不适用"三不去"的条款删除了"恶疾"而仅剩"奸淫"。所以"七出"实际上不过是沿袭历代传说的惯用语,除了"奸淫"等以外,其他条款其实也就不再真正构成离婚的理由。除了这一根据夫方意愿离婚的情况外,当时还有"义绝"和"协离"两种情况。所谓"义绝"是通过国家审判的一种强制离婚。"协离"就是今天的协议离婚,即夫妻双方不和而自愿离异,这在历代法律中都是允许的。但是实际上,在缺乏适当理由的情况下,离婚是很困难的事。即使作为主动一方的丈夫要求离异,如无适当理由,也很难成功。在明清时代,离婚现象在任何时期、任何地区都存在,但总体上离婚率肯定非常低,不仅国家和社会对离婚的限制极多,离异的意愿很不容易实现;而且现实中,有些人即使有离婚的可能,也常常因为社会和经济成本太高而不得不放弃这一选择。在这非常有限的离婚空间中,主动权也几乎完全掌握在男子一方。

明清时期是贞节观念不断强化的时期,国家对贞烈妇女的旌表明代以来最盛,清代更将其推向极致。"饿死事小,失节事大"、"从一而终"这类贞节观念开始越来越深入而广泛地进入民间社会意识。从官书、方志等当时的文献中,确实可以看到数量空前的贞烈之女。当时社会对此实际上存在着两种全然相反的作用力:一种是从伦理观念出发,以国家的旌表机制、法律规定和社会习俗等手段,鼓励和保护寡妇守节的力量;另一种为从现实利益和人情出发,以理解、劝说、利诱、施压乃至强逼等方式促使寡妇改嫁的力量。

可以说，当时社会上的种种寡妇守节或改嫁的现象，无不是这两种力量交织较量的结果。在这样的社会环境中，当时社会确实涌现了不计其数的矢志守节甚至不惜以死殉节者；但是在普通人家，一旦丈夫去世，妻子往往处于生计无着的境地，选择改嫁不仅符合寡妇自身的利益，而且也为婆家所主张。一方面因为男女性别比失调，社会上对寡妇再嫁有着相当大的需求，而因为贫穷等原因，寡妇自身及其家庭也有这方面的要求，社会上还存在着为了争夺财产等因素而逼嫁的力量；另一方面，社会上也存在着基于现实与人情考虑而同情寡妇改嫁的舆论氛围。因此，寡妇改嫁在当时并不是少见现象，在一定条件下，甚至是非常普遍的。

3 家庭中的人际关系

虽然当时是一个崇尚多子多福的时代，但事实上，平均每个家庭拥有的长大成人的孩子并不多，也就是三四个。个中缘由，除了当时相当高的婴儿死亡率以外，恐怕也跟当时多少存在的某些主动节育行为与措施以及溺婴现象有关。明清时期助产已经达到了较高的水平，但由于在对付胎位不正、产后感染等方面还缺乏根本有效的措施，产妇因此而毙命者仍不在少数。孩子出生后，特别是头生儿子，各地都会举行一些与前代大致类似的仪式以志庆贺，诸如给亲朋好友送喜面、喜蛋，洗三朝（即在第三天给小孩洗浴）和贺满月等等。

明清时期不断增多而且日趋通俗化的家训著作普遍要求重视对子女的教育，而且应当及早进行。男孩子长大以后，当时一般都要入塾读书，训蒙读书的年龄，大体在6岁上下。当时的教育大致分成两级，即"小学"和"大学"。小学阶段主要是发蒙、识字，大学阶段教育的实际目的主要是为了科举应试。当时人们基本主张子弟都应该入学读书，至少在经过小学阶段以后，再视子弟的才质，决定他是否走读书应试的道路。对于女子，虽然不要求她们熟读诗书，但也主张让她们接受一定的初等教育，不过教育的目的不在诗书科举，而是培养她们良好的品性和操持家务的能力。在绅宦之家，女子教育虽然具有一定的随机性，但由于家庭的文化氛围较为浓郁，女子读书学习的机会无疑比较多。普通家庭的女性识字者应该很少，更遑论读书写字了。就是一些达官贵族之家的女子，不大识字者大约也不在少数，比如《红楼梦》中精明而出身名门的王熙凤就识字不多。

在典型的传统家庭中，作为家长的父（母）拥有处分家产权以及对子女的教令权和主婚权。也就是说，在父母在世的情况下，子女在家庭中的自主权是非常有限的，父母与子女并不具有平等的地位。这种不平等除了自主权外，更表现在国家法律在量刑标准方面存在着显著差异。按照明清的法律，如果子孙有殴骂父母等不孝或其他不肖行为，被父母杀死，是可以免罪的，即使非理杀死也可判无罪。说明父母等尊长在法律上拥有对子孙身体的决定权。与此相反，若子孙伤及父母等尊长,则会受到非常严重的惩处。由于父子之间缺乏平等的人格与家庭地位,必然导致父子之间的关系典型地表现为"严父"、"孝子"的模式。父亲对子女的爱也主要是通过尽可能地为孩子挣家业以及严厉教育的形式来表现。父亲不仅有管制子女的权力,同时也有责任和义务给予子女一定的文化和道德素养教育以及物质生活条件。在"男主外、女主内"模式下,父亲多忙于维持生计,留在孩子心目中的往往是忙碌、严厉和不苟言笑的形象;母亲与"严父"相对,以"慈母"的面目出现,一般子女与母亲总是保持一种非常密切的身体和情感联系,正好与父亲同子女间的疏离形成鲜明的对照。女儿作为家庭的附从人员与"过客",在父母的心目中,与儿子的地位明显是不一样的,并不能享受与兄弟同样的待遇。

虽然在法律关系上,父母一方明显处于优势地位,但在现实生活中,除了那些富厚之家,在普通家庭中,当其年老体衰、无力自营生计时实际上便会沦为弱势。在缺乏社会养老保障制度的情况下,老人的赡养几乎完全依靠儿子。中国历来倡导孝道,至明清更臻于极致。在当时的各种文献中,留下了数量浩繁的各种孝行的记录;与此同时,也存在大量有关社会普遍存在不孝行为的议论。

与父子关系一样,由于婆媳之间在法律上的不平等以及整个社会对孝的重视和倡导,使得婆婆拥有今人难以想象的威权。特别是公公、婆婆尚能当家做主的时候，媳妇几乎完全处于弱势。在一般平民家庭中，媳妇对婆婆并非完全俯首听命，二者不仅有矛盾，而且有时还很激烈。婆媳冲突中，儿子往往会无条件地站在母亲一边，压制媳妇。而媳妇虐待婆婆的现象在当时肯定也是存在的，特别是在婆婆年老体衰、不再有当家做主的能力以后，若没有丈夫的制约，对公婆的虐待也就很容易发生。婆媳之间容易产生矛盾的原因，首先是因为双方之间缺乏平等的地位和人格，也就很难以一种平等的心态相互尊重；其次，父母在世时，与一个和多个已经成婚的儿子同住的情况非常普遍，生活在同一个屋檐下，自然更容易产生各种摩擦和矛盾。

兄弟姊妹小的时候在父母的监护下共同生活，长大成家以后，特别是在父母过世以后，往往各自分家立户。从家庭伦理关系的角度来说，他们之间的关系应该相对简单而不重要。不过在当时的文献中，我们却看到，时人对兄弟关系非常看重，把它看作人一生中最长久也非常重要的关系。有人将兄弟和睦与否视为家庭是否幸福的关键。与兄弟和睦相处，不仅是出于自身情意和家庭幸福的需要，同时也是奉行孝道所必需的，只有兄友弟恭，才能告慰双亲之心，否则便是不孝。父母在临死前也往往会谆谆告诫儿子们要和睦友善。当时人探究兄弟不和的原因，除了认为是争夺财产外，总是归因于各自听信妻子之言。女儿在娘家是附从成员，对财产没有继承权，而且出嫁后，与兄弟姊妹就成了两家人，所以姊妹间关系一般比较融洽，往往会相互关照。

4　家庭财产的析分

在传统观念中，父祖在世时，子孙要求分家别居，乃是一种不孝行为，所以为国家所明确反对。明清的法律对此做了调整，不仅减轻了惩罚的力度："凡祖父母父母在，子孙别立户籍，分异财产者，杖一百"；而且在条例中明确规定："其父母许令分析者，听。"含蓄地承认父母在世时家庭分异的合理性。而民间社会对分家的认识与这一原则也基本相类，有一种颇为复杂而微妙的心态。一方面，人们总是崇尚不分居异爨的家风，对那些不与兄弟异财者抱有一种崇敬之情；另一方面，又限于实际情况，不能不有保留地承认分家的合理性。

有研究者曾主要依据分关文书而将分家的原因概括为：（1）家长年老体衰，家政难于统理；（2）人口浩繁，日给艰辛；（3）诸子（妇）各怀嫉妒私心，遇事推诿，坐吃山空，共致贫穷等。在具体事理的层面上，至少还可包括以下几端：第一，兄弟矛盾等家庭矛盾加深甚至表面化；第二，兄弟之间收入水平出现了显著差异；第三，父亲或父母故去。简言之，具体原因大体不外乎三类：一是家庭矛盾，二是因为"大锅饭"导致家庭经济困难，三是父（母）家长权威的衰亡。若有兄弟多人，一般在两个以上兄弟成家后的一两年，经常发生分家之事。父母年老体衰，感觉自己已无力统理家务，而子女又都已长大成人时，为避免矛盾，一般也会亲自主持分家。等到父亲亡故后，兄弟分家就非常普遍了。①

关于财产的继承与分割，中国历来就有诸子均分的原则，明清时期也不例外。不过在元代以前，嫡庶之间多少有一定的差异，明代以后，这种差异在法律上被明确抹平。均分家产，为的是尽可能保证各房均能延续父祖的宗嗣。不过还有两点需要说明：一是所谓诸子均分，一般情况下是将家产完全平均分配给儿子们，但也有的家庭实行长房长孙继承与诸子均分继承相结合的析分办法；二是虽然诸子平分是普遍而深入人心的分家原则，但在实际生活中，还是可以发现不少例外。就管见所及，主要有以下两种类型：其一，有的家庭中仍存在嫡庶不均的现象；其二，因为各房对家庭的贡献不同而存在差异。

一旦分家在家庭主要成员之间达成一致，基本都要找一个仲裁者（即中人）来主持家产的分割。仲裁者一般是舅舅，也有找保邻、塾师或朋友充任的。在中人的主持下，将家庭各种财产尽可能均平地分成若干份，然后择定时日，举行正式的分家仪式。在分家时，如果父母或其中的一方尚在，可能会留出养老地，待双亲都故去后，在兄弟间再次均分；也有可能一次性分完，父母由各兄弟轮流赡养。随着分家完成，新的家庭也就拥有对其从父祖那儿继承的财产的

---

① 参见张研：《对清代徽州分家文书书写程式的考察与分析》，《清史研究》2002年第4期。

独立所有权和使用权。兄弟分家后，相互间财产的界限是非常分明的，所谓"亲兄弟，明算账"，即是谓此。

家庭生计

关于家庭理财的一般原则，时人几乎都会提到"节俭"与"量入为出"，当时主流观念非常反对举债，有些家族还要求专门留出一部分收入用来接济贫乏族人。关于治生，当时最为强调的非"勤"字莫属，要求各安本分，勤于职事，切不可贪图享受，好逸恶劳。时人一般都非常强调要早起，甚至将其视为一家兴衰的表征。明清时期人们的治家态度仍以传统的勤俭节约为依归，但对合理的消费以及职业则采取了更为积极和开放的态度，并要求尽可能在力所能及的情况下接济贫乏族人。

当时家庭中饮食消费要占到总生活支出的76%以上，其中又以主食的消费最为重要，占食物消费的三分之二左右或更高。普通家庭如果能保证平均日食一升的水平，应该就算比较理想的了。有些农民家庭农忙季节能够每两天中有一天吃荤甚至天天吃荤，农闲季节也能于每三天中有一天吃荤；即使吃素之日，每天也能够吃到一块豆腐。肉对于贫民家庭来说也并非难得一食。副食中自然还包括饮料，当时的饮料主要包括茶和酒。当时喝茶、饮酒不仅限于家庭之内，在日趋繁兴的茶馆、酒肆中享用也逐渐成为日常饮食的一部分。

普通五口农家，一年衣服所需费用只占总生活支出的9%左右，大多数地区的普通家庭，衣着上是相当俭省的，基本以实用为主，较少追求华美。衣料的质地以葛、棉和低档的丝织品为主。当然，对于多数人来说，特别是妇女，在婚嫁时一般都会置办一些像样的衣饰。

当时各地城市的民居，基本都以瓦房为主，比如，在明代安徽颇为贫瘠的六安州，"城市多瓦屋"。但在乡村，各地情况则有较大的差异，如在最为富庶的江南地区，瓦房可能已占主流，而在大多数地区的乡村，茅屋似乎一直是乡民的主要住宅。

各个社会阶层不同的家庭收入来源，大体上应基本集中在以下几个方面：一是俸饷及其特权收入，这类收入主要存在于官僚、吏员以及士兵等家庭中；二是土地和农业收入，作为一个农业社会，这应该是当时大多数人家最主要的收入；三是工商服务业收入；四是接受国家或社会的救济以及亲友馈赠的收入。

明清时期，妇女在家庭生计中已开始逐渐承担起较为重要的角色。妇女为改善或维持家庭生计所进行的经济活动范围相当广泛，比如从事农业生产、纺织、佣工以补贴家用乃至从事中介服务等某些商业活动，而且其地位和作用日渐重要。特别是在江南地区，蚕桑业和棉纺织业的日趋发达，更使妇女独立维持生计成为可能。

而支出，除了国家的赋役负担以外，就是生活消费了，不同家庭之间虽然情况各不相同，但消费的基本内容类别大致是一致的，不外乎日常的衣食住行、人情往来、婚嫁病丧、文化娱乐以及某些公益消费（比如社会捐助等）等。当时社会尽管存在着不少甚至今日都难以想象的高消费现象，但总体上，即使是在当时最为富庶的江南地区，普通家庭的生活消费仍体现了明显的以食物尤其是主食为主的特点。而其他地区，这一特点就更加明显，副食消费也更少。

当时一般家庭在正常年景下，虽然生活并不优裕，但若能做到勤俭节约，应该可以保持收支平衡并有所节余，也应该有能力应付那些维持一个家庭正常延续的长期投资。但当时社会上存在着相当多没有土地，甚至无法租到维持生活所必需数量土地的农民，而且社会并不能提供足够多的就业机会，他们即使有机会佣工，生活仍会相当艰难。当时社会的贫困人口也是大量存在的，一旦遇上灾荒，情形会更加悲惨。

明清时期农家的生活有张有弛、忙闲交错，一般来说，夏秋忙而春冬闲。由于当时很多地区采用的是一年二熟制，所以收种的两头，四、五月和九、十月尤其忙碌。土地较多的地主家庭一般需请帮工，普通家庭也需要亲戚朋友之间相互帮助。农闲时节，农户也不会完全闲着，除了为农忙做一些准备工作以外，还会积极从事家庭手工业。

第七章 传统家庭的衰落：近代家庭

民国时期是中国传统家庭衰落、现代家庭兴起的转型阶段。随着新思想的普及，家庭结构更趋小型化。此外，也发生了许多新变化，如：婚姻关系开始强调情感基础、自由结合，女性在家庭中的地位有所提高，家庭中的人际关系也趋向平等，分家时子女平等享有继承权，谋生渠道多样化，等等。新文化运动中的许多领军人物，如鲁迅、郭沫若、郁达夫等，都曾大声疾呼批判旧礼教，并身体力行实行了新式婚姻、建立了新式家庭。但是，沿袭了数千年的旧观念无处不在，力量强大。鲁迅的小说《伤逝》就描述了一对青年男女反抗"父母之命，媒妁之言"的旧观念，勇敢地冲出封建礼教的樊篱和束缚，为了争取自由恋爱、自主婚姻，女主人公子君与家庭决裂，与男主人公涓生公开同居。可是，好景不长，在经济的压力下，不到一年，他们的爱情就破裂了，终于分手。子君回到父亲家中，不久便郁郁死去。涓生又回到原来寄住的会馆，倍受悔恨的煎熬，痛不欲生。可见，这一时期的新旧之争，常常需要当事人付出巨大的代价。

另外，民国时期是一个变动的时期，新观念、新思想与传统形态并存，城市和乡村的差距日渐拉开。民国政府倡导的新式文明，对传统家庭的冲击主要表现在城市里，广大农村地区依然保留着传统的家庭形态。

家庭规模与结构

民国时期城市家庭平均人口数仅为4~5人，比同一时期农村家庭平均人口少1~2人。从大量社会调查我们可以看出，民国时期绝大多数地区5口以下的家庭占59.4%，6口以上的家庭占40.6%。中国农村平均家庭人口为5人左右，8人以上的约占总家庭数的17.95%。农村大家庭虽从整体上逐渐减少，但与城市相比，仍占一定比例，大家庭在民国农村还保留了某些残余。但是，据统计，1920年代平均家庭人口规模为5~6人，1930年代为4.7~5.5人，40年代为4.4~4.8人。① 可见家庭规模在不断下降，逐渐与美国等西方国家家庭平均人口数相近。显然，中国城市家庭的小型化是与世界工业化和社会潮流相适应的。民国时期无论城市还是农村，在实际生活中以小家庭居多，复合式大家庭不占优势。

---

① 杨子慧：《中国历代人口统计资料研究》，改革出版社，1996，第1460页。

随着时代变化，三世、四世乃至五世同堂的家庭逐渐减少。民国前期，就全国整体观察，三世、四世乃至五世同堂的家庭占有一定比例，这在北方表现更加明显，有关家庭规模的统计是有力的证明。然而随着时代变化，特别是1940年代以后，三世、四世乃至五世同堂的家庭逐渐减少，二代户、三代户逐渐占绝大多数。民国后期，核心家庭（夫妇和未婚子女同居）和主干家庭（父母、夫妇同居）成为普遍的家庭模式。

清末民国时期，中国家庭中同居亲属关系种类繁多、关系复杂。尽管如此，但各种类在家庭中所占人口数的比重却不相同，简单亲属结构始终占绝大多数。家庭同居亲属最多的一般是家长与妻子、母亲、儿子、女儿、儿媳、孙子，其他亲属和旁系亲属所占比例微乎其微，其中最普遍的就是家长与妻子及儿女。基本上都是父系直系亲属，母系直系亲属只是偶尔有些特例。这种家庭中，简单亲属结构占绝对优势，在很大程度上反映了大家庭在每一代中析分的趋势。由于近代资本主义商品经济的发展，传统自给自足自然经济的解体，加之西方婚姻家庭观念在民国的广泛传播，维系大家庭的传统伦理道德在中国近代化的进程中遭到严重冲击，大家庭失去了繁育成长的土壤。人们放弃了大家庭的理想目标，实际行动就是分家析产逐渐增多，从而导致家庭关系简单化。

民国家庭规模和结构的最大特征就是稳定性。中国历史上5口之家一直占绝对优势，民国各时期家庭人口保持稳定，维持在5口左右。民国时期家庭规模以4~6人最集中，家庭结构以主干家庭和核心家庭为主，与传统中国社会相比，家庭规模和结构主体没有根本性的突破。但是也表现出一些变异，例如民国时期，由于家庭观念的变革，复合家庭在社会流行价值观中不再占主导地位，所以大家庭在多种因素作用下，稳步下降。这一时期在不同家庭生命周期阶段，家庭结构类型不同，其中处于中年期的家庭——核心家庭所占比重最高。核心家庭和主干家庭比例保持不变，联合家庭比例下降，必然导致其他家庭比例上升。城乡家庭人口有很大的不同。城市家庭由于家庭观念的变迁以及个别家庭职能的丧失，要比农村家庭平均规模小许多。北方小家庭较少些，南方小家庭居多。家庭规模表现出北方大于南方的现象。中国各地社会经济发展的不平衡、家庭类型的差异以及生育水平的高低，都是导致地域差异的主要原因。

　　经济因素也是制约家庭规模的重要因素。城市中取决于收入的差别，收入越多，家庭规模越大，反之亦然。农村里每个家庭的人数和拥有土地的面积密切相关，土地越多，家庭规模越大，反之亦然。贫困严重限制了家庭规模的扩大。为什么较大的家庭都是富有人家？第一，娶多房妻妾几乎是富人的专利；第二，富裕人家男孩娶妻较早，生育也早；第三，生育存活率与家庭财富、社会地位、妇女受教育程度成正比；第四，富裕人家相对于贫穷人家，家庭不容易析分；第五，社会等级越高，人们越严格地遵从他们的社会理想，而父系大家庭正是传统中国家庭的理想。

民国时期，高出生率和高死亡率相伴，使家庭规模处于稳定状态。绝大多数女性结婚都很早，平均初婚年龄在18岁左右。生育率尽管很高，但被高死亡率抵消，结果造成每个家庭中生存子女的数目并不多。据金陵大学1936年对17个省的5499名已逝男女的调查材料计算，当时男女平均预期寿命均为34岁。据1934年全国人口死亡原因分析，在前10位死亡原因中，因各种传染病死亡者占61.5%；此外，战争、盗匪、灾荒、瘟疫、烟毒、贫困、饥饿等"无序干扰"也是导致死亡率居高不下的重要原因。这对家庭规模是重要的客观制约因素。

兄弟义居向兄弟异居缓慢转化，是民国家庭发展的基本趋势。民国封建宗族关系遭到破坏，封建家庭内部矛盾日趋尖锐，家族势力衰落，不能遏制分家趋势。人民生活困难，生活水平限制了家庭规模的进一步扩大。社会变革思潮的冲击也是导致这种趋势的主要原因之一。民国初年社会风气渐开，再经新文化运动的洗礼，随着社会政治、经济的变革，近代平等、民主思想的传播，旧式大家庭制度的基础被动摇，父系权威下降，家庭开始了自身的革命。同时，民国时期人们的活动空间由家庭扩大到社会，家庭原有的一体感削弱，也促使大家庭必然走向衰落。

2 婚姻与夫妻关系

中国无论北方还是南方，结婚比例极高，未婚比例很低。尽管中国人口结婚率与世界其他国家相比普遍偏高，但除了不能结婚者外，也仍然存在部分适婚男性没有结婚。导致适婚男性未婚的主要原因主要有两点：第一是居高不下的性别比；第二是婚娶论财的风气盛行，婚嫁费用较高，普通家庭难以负担。结婚费用所占农家每年平均生活费的份额越来越大，成为家庭的重要负担之一。此外，一夫多妻、经济贫穷、独身主义等因素也是导致一些适婚青年失婚的原因。

民国时期男女订婚年龄大多集中在 10 岁左右，甚至还有指腹为婚的现象。不仅订婚早，结婚年龄也普遍偏低。中国乡村人口初婚年龄与同期其他各国婚龄相比普遍较低。二三十年代中国乡村人口结婚年龄分配比例显示，中国乡村人口普遍结婚年龄在 15～19 岁。1940 年代平均初婚年龄为 18.46 岁，其中城镇人口平均初婚年龄为 19.16 岁，高于全国人口平均初婚年龄 0.7 岁；而乡村人口平均初婚年龄为 18.32 岁，比全国人口平均初婚年龄低 0.14 岁。一般来说，城镇人口要比农村人口的初婚年龄大。

民国时期，早婚与晚婚的习俗并存。一般来说，家庭越富裕，婚龄越小；越贫穷，婚龄越大。农村贫雇农家庭男子由于无钱娶妻，往往结婚较晚，多在 25 岁至 30 余岁，最早十五六岁结婚；婚龄多半是男大女小，甚至娶童养媳，因为女方年龄越大彩礼越贵。富裕家庭婚龄多是男小女大，女的十六七或十七八岁结婚；男的十三四到十六七岁结婚，甚至有十二三岁就结婚的。

早婚原因，从男子角度说，其父母多希望尽早含饴弄孙；而女子父母往往因境遇欠佳，不愿增加负担，一有机会，即将女儿早早嫁出。至于夫妻年龄差，尽管"女长于男"的婚姻在许多地方流行，但从整体上看并不普遍，大多数地方婚姻还是"男大女小"。

中国传统家庭具有超稳定的特点，这种家庭的稳定是在强大的伦理压力下，通过对爱情的剥夺来维持的。自五四运动以来，随着男女社交公开、自由恋爱等新思潮的广泛传播，经过新文化运动洗礼的人们，开始注重婚姻的实质内容与满意程度，一旦婚姻不能满足这一目的，离婚便成为人们的选择。在民国时期，娜拉几乎成了家喻户晓的人名，娜拉的出走使许多青年看到了真正的人生，为争取个人自由、美满、幸福的生活，挣脱传统婚姻的枷锁，纷纷模仿，一时"娜拉式出走"成为逃避旧式家庭和不如意婚姻的灵丹妙药。离婚观念在城市中已为绝大多数人所接受。民国时期各大城市离婚率普遍较高，离婚方式除了诉讼离婚外，还有协议离婚、登报离婚等；至于农村，传统婚姻观念并未改变多少，离婚的自然不多。

民国时期离婚原因与以往历史相比变化巨大，从原来的男子单方面"七出"变成了男女双方都可以提出离婚，离婚原因主要集中在遭受虐待、对方遗弃、对方重婚或与人通奸等。夫妻情感因素成为离婚的主要原因，而经济原因甚微。城市离婚率高于农村，具有新思想的人高于传统家庭的人，没有儿女的人高于有儿女的人。离婚方式以协议离婚为主。离婚案以女方主动提出要求比例为高。近代女性具有着矛盾、分裂的双重身份：既是父权的反抗者，又是父权的寄生者。鲁迅的小说《伤逝》就深刻揭示了为争取婚姻自由而勇敢奋斗的女主人公子君在丈夫失业、要求分离后，不得不被迫回到封建家庭。可见，妇女要想真正获得解放，就必须经济独立。否则，即使离婚，也只能再回到父权家庭中去。

再婚包括两种类型：一是妻死夫续娶、夫死妻再嫁；二是男女一方离婚另娶或别嫁。男子丧妻再娶，仪式、祝贺、迎新队伍、亲戚庆贺等都与第一次结婚时一样。若是寡妇再婚，则被贬损，夫家不用轿子接，没有兄弟或叔伯陪同，也不举行任何仪式。民国中期以后，再嫁氛围比初期有了好转，人们呼吁尊重再嫁者的人格。随着人们对传统贞节观的激烈批判，封建伦理观念也不再被认为是天经地义，寡妇再嫁日益普遍。在下层群众中，有"亲朋邻里，甚至公婆劝其寡媳改嫁"者，而大城市中那些有地位的富室孀妇，更是有勇气向世俗挑战。

根据调查统计，民国时期平均每个妇女在结婚期内共生育 6.78 个子女，死亡 3.69 个，存活 3.09 个。由于贫穷户妇女劳动繁重，生活条件恶劣，健康状况不佳，流产和怀死胎的机会大于小康户和富裕户，因此生育率要低一些。人们的婚姻目的不再是纯粹的传宗接代、光宗耀祖。传统的"上以事宗庙，而下以继后世"、"多子多福"的生育观正被"养儿防老"、"少生优育"所代替。1922 年美国节制生育运动的发起人桑格夫人来华，在《妇女评论》上发表了她的长文《生育节制底过去现在和将来》，全面阐述了生育节制的理论和实践，国人对"生育节制"问题开始关注，并对传统生育观进行反思，对"把妇女当作生育儿女的机器"的传统做法大加挞伐。由于时人充分认识到无节制生育的弊害，生育节制观被更多的人所接受，许多人建议采用科学的方法，使母亲有选择和决定生育子女数量的自由。但节育者的职业以教育、学术界人员为多，其次为行政公务人员，一般民众的比例极小。普通民众主要的避孕方法仍是食用棉籽油、节制房事和延长哺乳等。

民国时期，尽管新的变革出现在婚姻关系中，但是很多旧的婚姻习俗仍然存在。换亲、转亲和收继婚在贫困地区很普遍，典妻、租妻与卖妻也都还存在。童养媳的习俗在很多地方的农村仍然盛行。弃婴、溺婴的现象也没有杜绝。

民国时期，纳妾行为在理论界已遭到批判。但是作为一种延续了上千年的婚姻家庭习俗并没有在短时期内销声匿迹。在观念上，人们对纳妾行为虽已有了一些新的认识，但仍然还没有彻底摈弃纳妾的陈旧观念；在社会上，纳妾行为仍然广泛存在；在法律上，婚姻法规虽然规定了禁止重婚，但对纳妾问题却含糊其词，未予明确禁止。但是，由于民国时期社会经济的变化，纳妾问题在经济发达的现代城镇中也有了新的变化。新旧杂陈成为这一时期婚姻家庭变革的时代特征。而自古流传下来的纳妾行为和观念，便具有这种典型的特征：一方面，人们从传统的纳妾行为和观念中寻找到了摆脱旧式婚姻束缚的突破口，这为人们大胆地接受新式婚姻提供了一定的社会空间；另一方面，传统势力也以纳妾观念作为同新婚姻思想和行为进行抵抗的武器，试图将一些新的变革纳入到旧的制度规范中去。接受了"文明"风气的人们要实践自己自由恋爱的理想，往往在"旧世界"娶妻之后，如果在"新世界"遇到了心上人，便与之同居结婚生子；而旧世界则以"纳妾"的观念诠释他们的自由恋爱与自主婚姻，从而将其纳入到传统的生活轨道。如鲁迅、郭沫若、郁达夫等一代新人，他们的行为在旧世界中以保留妻子名分的代价得到理解与原谅，又因被当成纳妾看待而摆脱了旧式婚姻的羁绊，享受了新式婚姻的幸福。

在中国传统家庭伦理中，"夫为妻纲"是夫妻关系的基本原则，丈夫对妻子有绝对的支配权。夫妻争吵，丈夫打妻子是常见的事。在实际生活中，"离婚别嫁日渐增多"的现象多发生在交通便利、文化发达地区；在闭塞落后地区，传统的婚姻习俗依旧根深蒂固，离婚仍被视为"大逆不道"，遇到不幸的婚姻，只能在忍耐中苟且度日。另外，传统中国并不太重视夫妻之间的感情交流与培养。民国时期，城市里的夫妻关系日趋平等，传统婚姻中夫为妻纲的观念逐渐淡化，越来越多的人追求正常的夫妻爱情生活，夫妻感情日渐浓厚。

民国时期男女平等思想的发展、轰轰烈烈的妇女运动，使得家庭生活中夫妻关系也有很大改观，男性中心逐渐位移，女性地位不断得到提高，夫妻关系由原来的单向被动型向双向互动型过渡。不过，逐步得到重视和改善的夫妻横向关系仍然保留明显的被家庭纵向关系所支配的痕迹，这正是民国半平权家庭关系的最大特征。

传统家庭讲究男尊女卑、三纲五常、三从四德。在关于"贤妻良母"等思潮的论争中、在妇女运动鼓舞下，不少女性开始觉醒，女性教育层次的提高又为女性职业的拓展打下了基础。女性经济地位的提高无疑是家庭夫妻关系平等的基础。封建婚姻的古老形式是"父母之命，媒妁之言"的包办婚姻，夫妻感情比较淡漠。清末民初，自由恋爱、自由结婚思潮风行，新式婚姻不仅使夫妻满意度增加，而且妻子拥有对家庭事务发表意见的权力，丈夫也愿意倾听她们的意见。传统婚姻关系中，离婚只是赋予男子的特权，民国时期，这种情况发生了变化。新《民法》规定，离婚和结婚一样自由，女性也具有提出离婚的权利。无论男女都开始注重婚姻的满意度，意见不和成为离婚的主要原因，这表明婚姻家庭的基础在由经济移向爱情。民国时期传统的"男子死了，女子要带三年孝，不许二嫁"，然而"女子死了，七还未尽，新娘子早已进门"的不平等夫妻关系有了改善。总之，妇女在家庭中经济地位有了很大提高，人们越来越把以爱情为基础的婚姻作为追求的目标，夫妻关系也在一定程度上受到了重视、得到了改善。

3 家庭中的人际关系

亲子关系是家庭教育得以实施和实现的载体，在民国家庭关系中处于核心地位。费孝通分析中西家庭亲子关系时认为，双方在抚育、赡养上是不同的，西方是"接力模式"，父母抚养子女，子女不负有抚养父母的责任；中国是"反哺模式"，即父母抚养子女，子女成年后负有赡养老人的责任。家庭的亲子关系就是这样循环往复的。父母有时会偏爱男孩，除了传统的传宗接代观念外，还有就是，男孩在体力上优于女孩，是强劳动力；更重要的是养儿防老，男孩是父母进入老年时的经济支柱，使老年生活有保障，而女孩一般不担负这一责任和义务。

民国家庭关系出现了新的变化。传统家庭关系开始松动，向现代家庭关系过渡。现代家庭关系模式一般是这样的：夫妻关系承接上下，沟通左右，是整个家庭关系网络的轴心；同时，家庭中的纵向关系也是双方互动的，不管是长辈还是晚辈，都是家庭成员，在人身、人格上都应该独立、平等，不应该有高低之分和主从之别。民国时期家庭关系夹在传统与现代之间，处于半平权型模式。家庭纵向关系依然是上下分明，父母继续保持家庭事务决策人的重要地位，传统的家长制仍然在家庭管理过程中起主要作用。但总体上来说，父权观念开始变迁，父母与子女由主从关系向平等关系过渡，上一代权威减弱，下一代自我中心强化。

　　传统家庭的纵向家庭关系是子女在家长权威束缚下，对家长以顺从为主，以孝字当先。民国时期家长的传统性权威和地位开始受到严重挑战并趋于松动，子女在家庭中的地位逐渐上升。在传统亲子关系中，父母与子女的关系是统治与被统治的关系。民国时期思想界开始对传统孝观念进行批判和检讨，强调建立新型亲子关系，强调父母与子女之间应当是相互促进、相互指导、共同发展的互动关系。从家庭财产支配权观念的微妙变化也能观察出家庭关系的平等化、民主化趋向。在传统家庭中，"出入款项，有家长管理一切，无须个人储蓄"，民国时期这种观念有了变化，在知识分子的理想家庭中，"子女父母终须脱离关系，故必须自己早行储蓄，以裕后此之岁月。"财产属于得产之人，家庭成员间经济独立。家庭关系从训诫型向询导型转变。传统的亲子关系强调父母的意志不能更改，青年男女择偶遵循"父母之命，媒妁之言"，民国时婚姻逐渐自主，自由结婚成为时尚。父母征求儿女之意后方定婚姻之事也逐渐普遍，体现了婚姻由当事人自主的倾向，子女的意见和要求逐渐受到重视。父母专制走向衰亡，家庭人际关系日益变得平等、民主化。

　　婆媳关系是多数家庭都存在的重要家庭成员关系，婆媳矛盾冲突在许多家庭都存在，婆婆对媳妇往往缺乏太多的细心关怀，更多的是采取某些手段严加管束。婆媳冲突说明中国家庭关系由纵向向横向转移的艰难。传统家庭亲子关系重于夫妻关系的原因之一是家庭实际权力在亲子之间传递。婆媳关系属于姻缘关系，它附属于父子关系。妇女在家庭中低下的地位决定了家庭实际权力被牢牢控制在男人手中，男人是家庭中无可争议的权力中心，所以婆媳所能争夺的就只剩下有限权力。这种有限权力包括两部分：第一是男人下放的权力，如关于亲戚往来、家内琐事、日常开支等实际权力；第二是影响男性家长权力的无形权力，即通过对男性的影响达到影响日常事务和家庭决策的结果。对于第一种权力的争夺主要表现在对有限家庭财政的有效控制上。对于第二种权力的争夺表现的状态不同，它分几个阶段：第一阶段，当权力中心是父亲时，婆婆的优势十分明显，分家是使媳妇获得一定权力的唯一途径，因为分家后权力中心是其丈夫；第二阶段，当家里权力中心是儿子时，情况就会十分复杂，媳妇与婆婆互相争夺丈夫与儿子的支持，成为许多家庭冲突的根源。

民国时期，还存在一种特殊的婆媳关系。儿子从小由父母包办一门亲事，等他们长大后，接受了新式教育，在父母强迫下成了亲，但并不幸福。所以他们留在都市中寻找自己的幸福，在城市另建新的家庭。他们的原配无可奈何，她们失去了丈夫，但不会离开婆家，依然侍奉着已并不是自己婆婆的婆婆。婆婆会感到对儿媳有所歉疚，她们的关系有些同病相怜，甚至相依为命。如鲁迅的发妻朱安就是和婆婆度过一生的。这一时期，媳妇和公公的关系依然非常拘谨，姑嫂、妯娌关系也往往是充满矛盾的。

当民国时期大中城市家庭关系发生重大变革时，广大农村却是古道犹存。可见，民国家庭关系的新趋向在时间和空间上都有较明显的差异性，具有地域性和局限性。一般来说，城市比农村在变迁速度上总是快一些。但它毕竟向人们昭示了传统家庭关系的松动，预示着现代家庭关系的即将到来。

家庭财产的析分

分家是家庭裂变的过程，也是家庭发展过程中的一个重要环节。分家之后，旧的大家庭蜕变成若干小家庭，而小家庭再成长为大家庭，然后再蜕变成若干小家庭。这种循环往复构成了家庭发展的整个过程。对于大多数民国家庭而言，家庭的起点便是分家。

当父母在世时，多数家庭的子辈甚至孙辈即使已经结婚，仍与父母或祖父母一起过着同居共财的生活，单独成立核心家庭的很少。民国时期中国80%～90%的家庭，是由一对夫妻及其后代组成，包括核心家庭（父子与子女两代人组成）、直系家庭（父母与一个已婚儿子加未婚子女及孙子女组成）、联合家庭（父母与数个已婚、未婚子女及孙子女组成）等几种类型。大多数家庭都是分家别籍后组成的。

民国年间家庭平均人口为4～6人。① 这样看来，

---

① 以上参见郑全红：《中国家庭史》第五卷，广东人民出版社，2007。

家庭规模并不大，旁系亲属占少数。已婚而未分家的兄弟间的争吵是村庄中最为常见的纠纷，通常的解决办法是分家。外出工作是民国时期分家的又一主要原因。无论是城市还是农村，由外出工作导致分家的例子并不鲜见。

分家模式主要有两种：一次性彻底分家，是分家中比较普遍的传统分家方式，通常发生在父母死后，并且所有儿子差不多都已结婚，此时将共有财产在几个儿子中平均分配。这种分财又分灶的分家比较简单，也比较彻底。兄弟中有的已婚有的未婚，父母或其中一方尚在，财产的彻底分割比较困难的时候，人们往往不采用一次性分家，而采取系列分家模式。系列分家是指父母在世时诸子随着结婚而陆续分财异居，但每人所分数量略小于其应继承的平均数，待父母亡后再分一次，最后分清。系列分家发生时，即将离开父母的青年夫妇通常只能带走他们通过结婚而得到的财产，以及他们自己的口粮和日常生活必备品。这意味着彩礼和嫁妆成为至关重要的个人财产。系列分家最通常地表现为父母的财产不分割地保持着，只是儿子们分开做饭的生活样式。这通常叫做"一门数灶"。系列分家通常包括以下几种具体情况：其一，家长将已经结婚的儿子分出，与其他未婚儿子生活。其二，逐出某个儿子。当家庭出现不和或有这种兆头时，有时家长不必诉诸分家，而是采取只将导致不和的那个儿子从家里驱逐出去作为解决矛盾的办法。其三，分家时如果父母健在，身体还比较硬朗，儿子又都已经结婚，父母通常会留下养老地，自己耕种，而把剩余家产平均分给几个已婚儿子。系列分家的最大特点是分灶，至于父母的财产通常要经过两次或数次才能彻底分清。

由于现实生活丰富多彩，所以也有一些并不常见的分家类型：一是夫妻分家。从理论上讲，这种情形是不应该有的。这种分家行为很可能是妻子借助于亲族的力量得以实现的。夫妻分家有时是通过"别居"实现。夫妻中的一方因各种原因，不愿再与对方共同生活，而向法院请求分居，暂时脱离夫妻关系，叫做"别居"。民国时期允许有别居情况存在，说明社会正处于新旧生活与新旧思潮交替的时代。作为过渡时代的特殊产物，它是新思潮与旧伦理观念的折中与调和。妇女既不愿意面对丈夫再婚、纳妾的事实，又没有与丈夫一刀两断的勇气，往往选择别居这个维持婚姻与终止婚姻的过渡环节。二是妻妾分家。在有产的多妻之家，特别是在妻妾均有儿子的情况下，家主去世之后，地位和利益的差异、矛盾的存在使彼此难以相处，分家之举常常不可避免。三是义父与义子分家。一些夫妇已婚多年没有儿子，会收养异姓之子（以未成年儿童居多）为义子。有的收养义子后，自己又生有儿子。民间习惯若养父没有亲生儿子，义子可以全数继承财产；若养父有自己的儿子，亲子与义子便会平分家财。但实际情况是在许多地区义子往往不能获得均等的财产继承权。

民国时期的分家及财产继承原则大致有以下几条：

一，分家时间可以在生前，也可以死后继承。二，大体依照传统实行平均继承的原则。中国封建社会析分家产时基本实行诸子均分制，清代以前平均析分的原则严格按照房支为析分单位。三，分家主持人通常由舅父担当，舅父被认为最适合充当家务仲裁人的角色。四，尊重长子长孙继承权。原则上分家时家产是平均分配的，但在相当多地区，长子一般在分产中处于特殊地位，有时会得到较其他房头为多的一份财产。长房既较其他房头为尊，通常也需要承担更多的义务，特别是主持祖宗祭祀，因此有更大的开支。五，分家时的财产分配，基本上是按约定俗成的原则。

分家的时间，民间一般都选择在二、八两月，程序一般都由舅父主持。分家时通常族房长支、长近亲务必在场。分家仪式十分隆重，届时分家人请来中人和一名代书人，将财产搭配均等后写在阄球里，再放在筒（或碗或罐）内摇几下，然后让继承人伸手抓取。抓取完毕，当众展开纸阄，立字为证，并由众人署名、盖章或画押，注明年月日。最后，吃一顿"团圆饭"（实为"散伙饭"）后，大家四散，就算完事大吉。异灶以后，亲友之间多拿礼品前去探视一次，祝贺新的家庭诞生。习惯上分家析产时都要订立文书。分家文书内容至少包括以下主要条款：房屋、储蓄和日常生活用品的分割继承规定；宅基的划分，写明四邻确定及南北长短、东西宽窄；生产资料包括田地、农具和牲畜的划分；债务的清偿分担和债权的认定确立；特殊规定，如未出嫁女儿的嫁妆，对残疾者和读书人的照顾，老人暂权财产及百年后遗产的再继承；不宜分割财产的折价或适当补偿处理办法；老人的赡养，包括衣食供给、居住和医疗、丧葬办法；其他合法财产的分割；立分书人、中证人和代书人签名盖章，等等。

民国初期无子家庭的择继权或择嗣权归被承继人即丈夫拥有。如果立嗣是在其死之后，择嗣权则属于其守节寡妻。立嗣是为无子孙之人定立宗祧继承人，被立嗣人一般是立嗣人的同宗辈份相当的人。实在没有相当之人时，才可以立血缘关系更远的人或者同姓不同宗的人为嗣。如果立异姓人为嗣，就破坏了父系血缘关系，最为宗法观念所忌。立嗣重血缘亲疏，须先同宗，后近支，再异姓。选择通常按照立嗣人的兄弟之子、从兄弟之子、再从兄弟之子的顺序由近而远。最常见的是选立侄儿。立嗣人选还存在着另外一个系统，即立嗣人的外甥、女婿、外孙等，立嗣人之妻娘家的侄子、外甥有时也在考虑范围之内。

立嗣是宗族和家族中的重大事件。为了使立嗣行为得到承认和保证，避免日后纷争，立嗣人不仅需要在家中取得一致意见，还要请亲族或乡邻中身份地位较高的人共同商议，并书立嗣单作为凭据。嗣单中通常对立嗣人与被立嗣人的权利与义务做较为详细的规定。

立嗣总是和绝户的遗产联系在一起。立嗣之家之所以要立嗣，主要是让嗣子养老送终、继立门户，而不是托付家产。立嗣以后嗣子享有家产继承权的同时，基本上放弃了生身之家的家产继承权。什么情况下可以废除承嗣关系呢？通常来说，当嗣子不能孝顺嗣父母时，可以取消其资格。除非这种情况，嗣子就不能再回到生身之家，即使生身之家户绝，也不能返回，至多嗣子会让自己的一个儿子回生身之家继嗣。

在传统社会，妇女是没有继承权的。民国时期社会发生了翻天覆地的变化，女子最终在法律上获得了财产继承权。但在实际家庭生活中，极少有女子主张自己的这种权利。因此，民国时期家庭中女子的财产继承权呈现出一个十分复杂的画面。五四以前，女子几乎没有财产继承权，所以女子要解放，"第一要先行争回财产权"。争取女子财产继承权成为民国时期女权运动的重要组成部分。许多妇女团体主张女子应享有财产权及财产继承权，它们是争取女子财产继承权的急先锋。1930年12月，国民政府颁布了中央政治会议审核通过的民法亲属编和继承编。继承编第1144条明确规定：配偶有相互继承遗产之权，承认已嫁女子及亲女在法律上与男子有相等的继承权。民法亲属、继承两编于1931年5月生效。女子继承权的获得，时人称之为"亘古未有之大改革"。下面从妻子和女儿两方面具体考察。

国民政府民法在夫妻财产制的专章规定总则中指出："夫妻得于结婚前，或结婚后，以契约就本法所定之约定财产制中，选择其一，为其夫妻财产制。"并且特别规定了法定特有财产为夫妻独立拥有所有权。所谓共同财产制，指"夫妻之财产及所得合并而成之财产，管理权属夫"财产制度。在共同财产制下所产生债务，有应由夫负担的，也有应由妻负担的，二者之中由妻为负担主体，根据情况动用共同财产或不动用共同财产。其主要特点是"共同财产分割时平等分割"。国民政府民法中关于夫妻财产制的规定最突出的特点就是，允许妻子保留特有财产。在当时运用最广、实行最完善的当属联合财产制和共同财产制。原因至少有三点：一，符合中国国情；二，从立法例的角度分析，资本主义国家民法中，此两种财产制度广泛通行；三，立法者试图用法律的形式进一步在全社会范围内推行男女平等思想，提高妇女地位，但妻子都是在丈夫死后才能获得继承权。

女儿争取对娘家财产的继承权主要集中在大都市的富裕、有产之家。这些有产之家的女儿争取家产继承权的案例不胜枚举，其中尤以盛宣怀子女的遗产分配官司最为轰动。

考察民国家庭女子的财产继承权时可以看到，绝大多数家庭女子的财产继承是按照传统习俗进行的，而不是国家的法律。无论民法是否实施，民间的做法普遍是依据传统、按照习惯。女儿继承娘家家产的方式通常只有三种：一是奁产陪嫁；二是招赘女婿，但须以赘婿改姓岳家姓氏为条件，如果出嫁则最多只能得到奁产；三是其子成为娘家的承嗣人，就是娘家立外甥、外孙为嗣。最常见的是第一种。民国时期中国乡村的广大妇女应该是没有财产继承权的，但是根据习惯可以获得一定的补偿。这使得民国大多数家庭中的女子实际上能够继承一部分财产，这种继承往往既与娘家有关，也与婆家有关。

分家过程中,养老是人们常常遇到的重要议题。财产分割完毕,老人如何赡养?如何安度晚年?在家庭财产分割清单上,对老人的赡养办法是十分重要的条款。华北农村分家过程中对于老人的赡养通常采取三种方法:一种方法是把家里田地的一部分拿出来作为父母的养老地;其他两种养老方法一是儿子们轮流养活双亲、供给饭食,二是每年给双亲定量的粮食或钱。第一种养老方法最为盛行,这是民国农村普遍采用的赡养老人方法,也是老人普遍愿意接受的方法。独子必须承担赡养老人的义务,多个儿子时无论各个家庭如何安排赡养老人,义务是均等的。

实际生活中还有一部分家庭有女儿而没有儿子,或者无儿无女。这类家庭老人的赡养问题,民间主要有两种习惯做法:第一,招赘养老,这是有女无儿家庭使用的一种方法;第二,过继养老,这是有女无儿家庭和无儿无女家庭通常都可能采用的方法。

家庭生计

在农村,人们谋生的职业以务农为主,农业人口占了绝大多数。对大部分农民来说,佣工、从事手工业生产等方式即使收入更可观,也不是农村家庭发家致富的理想生活状态。他们会将其他方式得到的财富用来购买土地、投资农业,大量的地产和肥沃的农田是农民眼中财富的真正标志。民国时期,由于中国广大农村以土地和其他生产资料分散为前提而形成的自给自足小农经济生产方式并没有很大改变，因此，乡村家庭仍然是一个基本的生产单位，生产是家庭的主要功能。男耕女织的分工并没有太大变化，男子主要负责田间劳动，妇女则在家中从事纺纱、烹调、缝纫、染织、养蚕、生育和抚养小孩等事务。在农村家庭中，男女老幼都要从事一定的生产劳动，为增加收入贡献一份力量。

农村家庭的收入情况差别很大。从地域上看，临近都市特别是临近东南沿海城市，经济较为发达地区的农家，农作物收入占总收入的比重比较低；而远离都市的偏僻农家，农作物收入就会占到很高的份额。从阶层分析，拥有一定土地、自种兼租种的小地主收入最高，其次是自耕农，收入最少的是佃农。整体上看，农民的农业收入占总收入的七成半，其他收入只占两成半。可见农产品收入是家庭收入的主要来源。这一时期，农家的绝对收入值很低，"糊口农业"的状况基本上持续到20世纪中叶。

农家的支出主要包括生产消费和生活消费。生产消费中种子费和雇工费是最大项，生活支出则以口粮为主。民国乡村家庭的支出中，食品费用占主要部分，而且主食占大部分，维持生存需要之外的娱乐消遣等开支微乎其微。地域上，临近大中城市的东部地区农家因为交通便利、商品化水平高，购买力也稍微高一些。阶层上，自耕农生活水平要比佃农高。但是所有农村家庭的恩格尔系数大概都在50%~60%，基本上处于勉强度日的绝对贫困状态。民国时期各地具体调查资料证明，入不敷出或盈余甚少是农家经济的普遍现象。这导致了两方面的不利后果：一是农家拼命努力也无法维持最低生存需要，因此不能不依赖借债和典当，由此而陷入贫困和债务的恶性循环；二是农民为了维持生存会最大限度地减少支出，降低生活水平，食物费用占的比例太大，衣服、交通、居住等就被压缩到极低水平。造成农民生活困苦的原因，首先是土地占有不均，地租租额居高不下；其次是苛捐杂税名目繁多，农民负担沉重；再次是农村副业的全面崩溃，由于外国货倾销和世界经济危机波及，大量的农村副业如纺织、养蚕、养蜂、养鱼等均走向没落。当然，除了普通农家之外，农村还有一部分家庭收支处于盈余状态的富农和地主，但他们的财富除了用于借贷，就是以货币状态保存，并没有用于培育优良品种、增加农业投入等。

民国时期的大都市已经突破了传统的士农工商职业分类，为人们提供了多种多样的谋生渠道，劳动力重心向工业和商业转移。随着近代妇女争取就业和职业平权斗争的兴起，妇女已经逐渐涉足社会的大部分行业，国家法律也确认了妇女的职业平等权。然而这一时期，职业女性在女性总数中的比例不到四成，男子仍然是城市家庭的"治生"主力。城市家庭收入以货币工资为主，基本占到收入的九成以上。城市不同阶层的家庭收入和生活水平差距很大。以工人为主的社会下层，工资普遍偏低，生活困难；而中高级公务员、大学教师、律师、会计师等脑力劳动者的收入则比较高。

城市人口在消费观和消费水平上差别悬殊。工人家庭支出结构畸形,食品费用比重过大,其中主食尤其是粗粮的比重过大,影响了人们的健康和体质。中等和上等家庭的支出情况则比工人家庭要优裕得多。总体上来说,城市家庭与农村相比,收支状况和生活水平都处于相对较高的水平。但是到了三四十年代,随着通货膨胀日渐严峻,工人家庭的收入主要用于糊口,逐渐下降到入不敷出的贫困状况。

民国时期,贫富差距悬殊、社会生活不平等十分明显。富裕家庭的物质生活条件优越,不仅拥有相当数量的土地、金钱,更拥有精美的衣食和奢华的房屋。这样的家庭在乡村主要是地主,在城市中则主要是军阀和买办。

中产家庭大多处于温饱自足的状态,有时也可进行一些消费不多的社会交往活动。这样的家庭在农村主要是中农、富农。乡村中贫者居草屋,通常每家有卧室、厨房各一间;富者居瓦房,以五间为主,也有七间的。城市中的小康之家则是中产阶级。这些中上等家庭多追求西式饮食时尚,住花园洋房或者公寓。

贫困型家庭在农村主要是缺乏土地而租地耕作或为人雇佣的贫农、佃农和雇农,有时也包括部分中农家庭。这些人日常饮食以粗粮、野菜为主,白面和肉类只有过年才可能吃到。贫苦人家穿衣多用土布,甚至衣不蔽体。城市贫家则多为工人家庭,工人劳动时间长,工资低微,生活极为艰苦。人力车夫也是生活在城市的下层人民。这些人消费不足,生计艰难,挣扎在贫困线上。

民国时期,在没有盗匪和军阀士兵危害一方的时候,尽管大多数家庭生活困苦,但是总体上生活水平在某些时期一直有所提高。近代中国处于一种由封闭经济向开放经济、自然经济向市场经济转变的过渡时期,变异成为家庭生计的主要特色。

近代农民家庭均具有双重经济功能,既是消费活动的基本单位,又是生产经营活动的基本单位。古老的农家生活有所变化,传统家庭的娱乐和宗教功能逐渐衰落。与传统社会相比,近代社会是由封闭经济向开放经济、自然经济向市场经济转变的过渡时期,经济生活中的不确定性增强,消费者的风险意识有所加强。20世纪上半期社会的激烈动荡促使家庭亲属关系日渐紧密,分家后的小家庭越来越多地加强亲属关系以共同对抗各种灾难和变动。

民国时期的家庭教育沿袭了古代家庭礼仪教育中的优良传统,以责任和义务为宗旨,以培养优良的礼仪习惯为目的。家训是中国家庭教育特有的一种文献形式,往往浓缩了作者丰富的人生体验,饱含深厚的亲情,而且具有广泛而深远的教育意义。民国时期这样的家训也屡见不鲜。以家训为主的家庭教育主要有下面几个内容:第一,孝敬父母;第二,和睦相处;第三,诚实守信;第四,勤俭节约;第五,勤奋好学;第六,注意礼仪。

民国时期,在西方文化涌入的同时,中西方对子女教育方式的差别也被世人所认知。许多新派人物认识到西方在教育子女独立能力、社会交往能力上的成就，开始用西方的教育方式教育子女，不再使用简单粗暴的打骂式教育，比较自由、开放，以培养子女独立的人格。以往"女子无才便是德"观念盛行，旧时女孩子学的是女红、家政，不需要识字和掌握技能。到了民国时期，特别是五四运动之后，妇女解放的呼声日益高涨，许多家庭也开始注重对女孩子的教育。在家庭中，父母不仅仅教育女孩子传统的生活技能，也开始让她们学习知识，女孩开始学习将来走向社会所需的技能，有的还走进了学堂。

由于经济水平、交通等条件的制约，乡村的家庭教育与城市相比，在内容和形式上都存在着很大差别。城市的家庭教育内容多样、中西交融，随时代而变迁；乡村家庭教育普遍守旧、保持传统，又受经济生活所限，更多地以农业生产、天气变化知识为主要内容。在教育方式上，农村家庭中更重视对男孩的教育，普遍认为女孩早晚是别人家的，不重视对女孩的教育。城市和乡村都主要以家长的言传身教为主，只是乡村的家长更多地保留了传统的印记。

6 民国家庭的转型

清末民国以后，由于维系几千年的自给自足自然经济开始解体，又兼西方现代民主思想文化大举侵入和传播，同时轰轰烈烈的民族民主革命兴起，王权专制统治崩溃，社会生活环境发生了巨大的变化，促使近代中国家庭无论是在实体方面还是在观念方面都处在巨大的变动之中。清末民初,从帝国到民国,社会生活环境发生的剧烈变化,注定了家庭变迁要经历一个新与旧冲突而又由旧趋新、由失范到重建规范的过程。近代家庭从传统向现代的动态演进折射出中国社会变迁的曲折、渐进轨迹。

其一,民国政府在推动近代中国家庭变革方面扮演了极为重要的角色。这在政府关于婚姻家庭的超前立法、革除旧俗恶习、倡导现代文明礼俗等方面的努力所取得的成效上显得特别突出。

中国近代的家庭转型从某种意义上说具有典型的被动性特点。尽管近代中国沿海城市中出现了现代化的生产方式,城市化进程也迈开了步伐,但是在广大的农村,自给自足的自然经济仍然广泛存在着,封建守旧观念、宗法势力和各种落后的传统习俗也仍然顽强地存在着。在这种新旧冲突的经济社会背景下,若没有家庭和社会之外的强制力量——政府的强有力参与,近代中国家庭的转型将是一个更缓慢的长期过程。像禁止缠足、禁止纳妾和一夫多妻制、保护妇女的婚姻自主权和其他社会权利等这些与传统家庭制度截然对立的新型家庭文明,若只依靠社会自身的缓慢变迁,很难在短暂的时间内推广传播。例如政府推行的劝禁缠足一策便遭到了来自民间家庭和社会力量的强大反抗。当时山西士绅刘大鹏对禁止缠足的看法便颇具代表性。刘大鹏认为实行天足一事,"初意虽非不善",但对人妻、闺女强制检查和放足,简直就是"鱼肉百姓"的"虐政",甚至认为"此等苛政不亦猛于虎乎！"尽管南京国民政府在1927~1937年的10多年间先后颁布过至少5次禁令，甚至在抗日战争最为艰苦的1940年代，内政部仍不止一次地颁布禁缠足的令文，但缠足之风仍未禁绝。众多妇女仍将缠足视为生死大节，甚至宁愿以死对抗。再如废除包办买卖婚姻方面，若没有政府的强制立法规定，男女婚姻自由自主的新习俗很难被大多数家庭所接受。1919年11月，长沙发生的女青年赵五贞为反抗父母包办婚姻而被迫自杀一案清楚地说明了家庭中传统习惯势力的强大。而随后在长沙发生的另一起抗婚事件则说明了政府在破除传统守旧习俗方面的重要作用。在赵五贞抗婚自杀后，长沙南门外一常姓女青年反抗母亲包办婚姻，而自愿与左姓男子结合，自行到左家成婚，遭到其母及其家族的反对和干涉，后经警署判决，婚姻得以成立。所有这些事例都说明，在近代中国家庭变革的过程中，民国政府在其中发挥了强有力的促进作用。若离开政府的推动，单单依靠社会经济文化条件的逐渐成熟和缓慢推进，中国家庭转型的进程则要迟缓得多。

其二，在国家—社会—家庭三者的关系中，在中国传统社会，由于政治领域里国家的专制和对权力的高度垄断，以及乡土社会中宗法、宗族、家族力量的强大，社会空间受到"国"和"家"两个方面的严重挤压，社会呈现为国强—社会弱—家强的格局。近代资产阶级革命兴起后，特别是民国成立后，皇权专制制度被彻底废除。虽然"国强"的局面并没有彻底改观，但毕竟强度大大降低。民国时期的政府部分由于受西方的影响，在有意识地培养社会力量和社会自治空间的过程中，强烈地感受到了"家"的力量的强大。要实现社会的发展、变迁和转型，就必须打破"家强"的局面，在社会力量孱弱甚至是"缺位"的情况下，国家和政府的行为显然具有极为重要的推动和导向作用。事实上，政府在建立和完善农村基层政权、组织地方自治机构、兴办学校、完善警政建制、推动社会团体组织的发展等方面的作为，对于打破宗族、家族和封建宗法势力对乡村社会的控制，推动家庭和社会的转型产生了极为重要的影响。在传统社会里，"国"和"家"（宗法、宗族和家族）的力量结合起来实现对乡土社会的治理，不只是国家权力支配和覆盖社会，"家"的力量也同时在支配和覆盖着社会。在社会格局上，近代中国社会由传统向现代转型的目标则是实现由"家国共治"走向"社国共治"，形成以社会自治为主的社会格局，"家"则要完全退出政治治理领域，蜕变为纯粹的私人领域。在社会转型和家庭转型的特殊时代，一个能够采取积极社会政策措施的"强国家"的存在是必要的。只有国家政府采取强有力的行为打破宗法、宗族和家族力量对社会的覆盖和支配，积极鼓励和保护社会力量、社会空间的成长和发展，受"家"之束缚和控制的家庭成员才有可能从族权、父权、夫权的束缚和奴役下逃脱出来，也才能够找到生存的社会空间。

其三，阶级、阶层与家庭之间存在着重要的关系。首先，不同阶级阶层的家庭生产功能存在重要差异。无论是乡村还是城市，无产者（乡村中的雇农、城市中的工人和职员）家庭基本不存在生产功能，而有产者（城乡中拥有土地、企业、作坊、店铺者）家庭则具有重要的生产经营功能。其次，不同阶级阶层的家庭财产传递功能存在明显差异。无产者中的赤贫者（既无生产资料也无生活资料剩余）家庭基本不存在财产传递功能，非赤贫者（只拥有部分生活资料）家庭和有产者家庭拥有财产传递功能。再次，不同阶级阶层的家庭规模具有一定差异。一般说来，社会上层富裕者家庭规模相对较大（这在乡村比较明显），社会下层贫穷者家庭规模相对较小。最后，在短期内，阶层在家庭中的代际传递比较明显，但长期的阶层代际传递状况需做具体分析。如在乡村，由于传统的家产继承习俗强调诸子均分，一般世家大户经过两三代人的分家析产，常会由上层大户沦为一般自耕农。

其四，家庭的门户传承功能比生育功能更为重要。长期以来，学术界对于传统社会妇女贞节观的解释是"为了保持血统的纯洁性"，以实现家庭的祖先崇拜功能及防止家庭财产在继承环节上的外流。其实，从根本上来说，家庭在中国是一种伦理化的存在，生育功能只是其表层的功能，隐藏在生育功能背后的门户传承才是其实质。一旦家庭的门户传承功能面临危机，家庭和社会对妇女贞操的要求在这种特定条件下也会做适当变通，以满足家庭对门户传承的强大需求。在乡土社会的宗法秩序中，是家庭身份而不仅仅是血缘身份对家庭的生育和门户传承功能起着支配性的作用。

其五，家庭的核心功能发生了程度不同的变化。

从家庭社会学的角度来说，人类家庭类型的演变大致分为三个阶段及与之相适应的三种家庭类型：生育制度的家庭、生产制度的家庭和生活制度的家庭。迄今为止，学者关注到的家庭功能不下数十种，如：生育功能、抚养功能、教育功能、宗教功能、祖先崇拜功能、赡养功能、生产功能、消费功能、情感功能、财产传递功能，等等。有些功能是在家庭建立初期就有的，有些则是在家庭的发展演变中逐渐形成的。无论家庭功能是怎样形成的，这些功能都是一个整体。其中有的功能居于主要的地位，决定了其他功能的作用范围与目标，这就是家庭的核心功能。在家庭的运作和变革过程中，家庭的核心功能对家庭的其他功能起主导作用。因此，家庭的变革和转型在功能变迁上表现为两个方面：一方面是家庭功能体系的变迁；另一方面是家庭核心功能的变迁。正是家庭核心功能的变化标志着家庭的根本性变革或者说是家庭的转型。

在近代中国家庭的变革过程中，无论是城市还是乡村，家庭的核心功能都发生了一定的变化，其中城市家庭相比于传统社会的家庭，其功能更是发生了根本性的变化。在乡村家庭的变革中，尽管其核心功能——生产功能并没有从根本上发生改变，但是由于近代中国农村商品经济的发展、农家劳动力的外流、自然与人为灾害的破坏、社会动荡的加剧等，使得家庭的生产功能已有所削弱。而乡村基层政权机构的建立、新式学校和教育内容的推行、警政和司法制度的建立与加强、各种民间组织的成立等政治社会方面的变化，使得家庭原有的各种社会功能逐渐转移到其他社会机构中去。如农村家庭的教育功能、社会控制功能等基本上转移到了政府和社会机构中。相应的，农村家庭的其他功能如情感功能等得到进一步的彰显和加强。透过家庭功能体系和核心功能的变迁，我们可以看出，近代中国农村家庭并没有发生根本性的转型，它仍然是传统的家庭类型；但家庭核心功能的削弱和家庭功能体系的变化也清楚地向我们显示：农村家庭已在向现代家庭转型的道路上迈开了初始的步伐。

与传统的家庭类型相比，近代中国城市家庭无论是在核心功能上还是在家庭功能体系上都发生了根本性的变革。在核心功能上，近代中国城市家庭核心功能已转化为生活功能（以消费功能和情感功能为主），家庭已变为私人生活的世界。一方面是家庭生活的私人化（而不是家族化）；另一方面是家庭生活对于维持家庭的存在更为重要，当家庭成员不能共同生活时，家庭的解体就势在必行，如城市家庭中兄弟之间比传统社会更早地分家，以及夫妻间离婚率的大幅度提高等。在家庭功能体系上，城市家庭的生产功能（除了企业主、小业主、作坊主、店主家庭等之外）基本趋于消失，家庭的大多数功能都已转移到社会中去，如教育功能、娱乐功能、社会控制功能等。这说明近代中国城市家庭已然是作为生活制度的现代家庭类型了。当然，由于时代的原因，近代中国城市家庭还不可避免地带有传统家庭类型的痕迹，如由于社会制度的缺陷，家庭还在不同程度地履行着抚幼、养老、门户传承等功能。

后　记

社会科学文献出版社要编辑出版"中国史话"丛书，约我写《家庭史话》，大约因为我过去曾经做过这方面的研究。但是，编写"史话"与研究家庭史，其实是两种不同类型的工作。勉强拿出的这份稿子，不当之处甚多，请读者不吝批评指正。

本书的写作，参考了许多专家学者的研究著作，特别是我主编的五卷本《中国家庭史》中各位作者如王利华、邢铁、余新忠、郑全红等教授的著作。在此，谨向他们表示衷心的感谢。

感谢妇女史专家高世瑜先生审编本书稿，并且指出诸多不当之处，感谢编辑宋淑洁女士付出的辛勤劳动。

张国刚

2012 年 1 月 9 日于北京

参考书目

1. 瞿同祖:《中国法律与中国社会》,中华书局,1981。
2. 费孝通:《生育制度》,天津人民出版社,1981。
3. 董家遵:《中国古代婚姻史研究》,广东人民出版社,1995。
4. 张国刚主编《中国家庭史》,广东人民出版社,2007。
5. 滋贺秀三:《中国家族法原理》,张建国、李力译,法律出版社,2003。

《中国史话》总目录

系列名	序号	书名	作者	
物质文明系列（10种）	1	农业科技史话	李根蟠	
	2	水利史话	郭松义	
	3	蚕桑丝绸史话	刘克祥	
	4	棉麻纺织史话	刘克祥	
	5	火器史话	王育成	
	6	造纸史话	张大伟	曹江红
	7	印刷史话	罗仲辉	
	8	矿冶史话	唐际根	
	9	医学史话	朱建平	黄 健
	10	计量史话	关增建	
物化历史系列（28种）	11	长江史话	卫家雄	华林甫
	12	黄河史话	辛德勇	
	13	运河史话	付崇兰	
	14	长城史话	叶小燕	
	15	城市史话	付崇兰	
	16	七大古都史话	李遇春	陈良伟
	17	民居建筑史话	白云翔	
	18	宫殿建筑史话	杨鸿勋	
	19	故宫史话	姜舜源	
	20	园林史话	杨鸿勋	
	21	圆明园史话	吴伯娅	
	22	石窟寺史话	常 青	
	23	古塔史话	刘祚臣	
	24	寺观史话	陈可畏	
	25	陵寝史话	刘庆柱	李毓芳
	26	敦煌史话	杨宝玉	
	27	孔庙史话	曲英杰	
	28	甲骨文史话	张利军	
	29	金文史话	杜 勇	周宝宏

系列名	序号	书名	作者	
物化历史系列（28种）	30	石器史话	李宗山	
	31	石刻史话	赵 超	
	32	古玉史话	卢兆荫	
	33	青铜器史话	曹淑琴	殷玮璋
	34	简牍史话	王子今	赵宠亮
	35	陶瓷史话	谢端琚	马文宽
	36	玻璃器史话	安家瑶	
	37	家具史话	李宗山	
	38	文房四宝史话	李雪梅	安久亮
制度、名物与史事沿革系列（20种）	39	中国早期国家史话	王 和	
	40	中华民族史话	陈琳国	陈 群
	41	官制史话	谢保成	
	42	宰相史话	刘晖春	
	43	监察史话	王 正	
	44	科举史话	李尚英	
	45	状元史话	宋元强	
	46	学校史话	樊克政	
	47	书院史话	樊克政	
	48	赋役制度史话	徐东升	
	49	军制史话	刘昭祥	王晓卫
	50	兵器史话	杨 毅	杨 泓
	51	名战史话	黄朴民	
	52	屯田史话	张印栋	
	53	商业史话	吴 慧	
	54	货币史话	刘精诚	李祖德
	55	宫廷政治史话	任士英	
	56	变法史话	王子今	
	57	和亲史话	宋 超	
	58	海疆开发史话	安 京	

175

系列名	序号	书名	作者
交通与交流系列（13种）	59	丝绸之路史话	孟凡人
	60	海上丝路史话	杜 瑜
	61	漕运史话	江太新　苏金玉
	62	驿道史话	王子今
	63	旅行史话	黄石林
	64	航海史话	王 杰　李宝民　王 莉
	65	交通工具史话	郑若葵
	66	中西交流史话	张国刚
	67	满汉文化交流史话	定宜庄
	68	汉藏文化交流史话	刘 忠
	69	蒙藏文化交流史话	丁守璞　杨恩洪
	70	中日文化交流史话	冯佐哲
	71	中国阿拉伯文化交流史话	宋 岘
思想学术系列（21种）	72	文明起源史话	杜金鹏　焦天龙
	73	汉字史话	郭小武
	74	天文学史话	冯 时
	75	地理学史话	杜 瑜
	76	儒家史话	孙开泰
	77	法家史话	孙开泰
	78	兵家史话	王晓卫
	79	玄学史话	张齐明
	80	道教史话	王 卡
	81	佛教史话	魏道儒
	82	中国基督教史话	王美秀
	83	民间信仰史话	侯 杰
	84	训诂学史话	周信炎
	85	帛书史话	陈松长
	86	四书五经史话	黄鸿春

系列名	序号	书名	作者
思想学术系列（21种）	87	史学史话	谢保成
	88	哲学史话	谷 方
	89	方志史话	卫家雄
	90	考古学史话	朱乃诚
	91	物理学史话	王 冰
	92	地图史话	朱玲玲
文学艺术系列（8种）	93	书法史话	朱守道
	94	绘画史话	李福顺
	95	诗歌史话	陶文鹏
	96	散文史话	郑永晓
	97	音韵史话	张惠英
	98	戏曲史话	王卫民
	99	小说史话	周中明　吴家荣
	100	杂技史话	崔乐泉
社会风俗系列（13种）	101	宗族史话	冯尔康　阎爱民
	102	家庭史话	张国刚
	103	婚姻史话	张 涛　项永琴
	104	礼俗史话	王贵民
	105	节俗史话	韩养民　郭兴文
	106	饮食史话	王仁湘
	107	饮茶史话	王仁湘　杨焕新
	108	饮酒史话	袁立泽
	109	服饰史话	赵连赏
	110	体育史话	崔乐泉
	111	养生史话	罗时铭
	112	收藏史话	李雪梅
	113	丧葬史话	张捷夫

系列名	序号	书名	作者
近代政治史系列（28种）	114	鸦片战争史话	朱谐汉
	115	太平天国史话	张远鹏
	116	洋务运动史话	丁贤俊
	117	甲午战争史话	寇伟
	118	戊戌维新运动史话	刘悦斌
	119	义和团史话	卞修跃
	120	辛亥革命史话	张海鹏 邓红洲
	121	五四运动史话	常丕军
	122	北洋政府史话	潘荣 魏又行
	123	国民政府史话	郑则民
	124	十年内战史话	贾维
	125	中华苏维埃史话	杨丽琼 刘强
	126	西安事变史话	李义彬
	127	抗日战争史话	荣维木
	128	陕甘宁边区政府史话	刘东社 刘全娥
	129	解放战争史话	朱宗震 汪朝光
	130	革命根据地史话	马洪武 王明生
	131	中国人民解放军史话	荣维木
	132	宪政史话	徐辉琪 付建成
	133	工人运动史话	唐玉良 高爱娣
	134	农民运动史话	方之光 龚云
	135	青年运动史话	郭贵儒
	136	妇女运动史话	刘红 刘光永
	137	土地改革史话	董志凯 陈廷煊
	138	买办史话	潘君祥 顾柏荣
	139	四大家族史话	江绍贞
	140	汪伪政权史话	闻少华
	141	伪满洲国史话	齐福霖

系列名	序号	书名	作者
近代经济生活系列（17种）	142	人口史话	姜 涛
	143	禁烟史话	王宏斌
	144	海关史话	陈霞飞 蔡渭洲
	145	铁路史话	龚 云
	146	矿业史话	纪 辛
	147	航运史话	张后铨
	148	邮政史话	修晓波
	149	金融史话	陈争平
	150	通货膨胀史话	郑起东
	151	外债史话	陈争平
	152	商会史话	虞和平
	153	农业改进史话	章 楷
	154	民族工业发展史话	徐建生
	155	灾荒史话	刘仰东 夏明方
	156	流民史话	池子华
	157	秘密社会史话	刘才赋
	158	旗人史话	刘小萌
近代中外关系系列（13种）	159	西洋器物传入中国史话	隋元芬
	160	中外不平等条约史话	李育民
	161	开埠史话	杜 语
	162	教案史话	夏春涛
	163	中英关系史话	孙 庆
	164	中法关系史话	葛夫平
	165	中德关系史话	杜继东
	166	中日关系史话	王建朗
	167	中美关系史话	陶文钊
	168	中俄关系史话	薛衔天
	169	中苏关系史话	黄纪莲
	170	华侨史话	陈 民 任贵祥
	171	华工史话	董丛林

系列名	序号	书名	作者
近代精神文化系列（18种）	172	政治思想史话	朱志敏
	173	伦理道德史话	马勇
	174	启蒙思潮史话	彭平一
	175	三民主义史话	贺渊
	176	社会主义思潮史话	张武 张艳国 喻承久
	177	无政府主义思潮史话	汤庭芬
	178	教育史话	朱从兵
	179	大学史话	金以林
	180	留学史话	刘志强 张学继
	181	法制史话	李力
	182	报刊史话	李仲明
	183	出版史话	刘俐娜
	184	科学技术史话	姜超
	185	翻译史话	王晓丹
	186	美术史话	龚产兴
	187	音乐史话	梁茂春
	188	电影史话	孙立峰
	189	话剧史话	梁淑安
近代区域文化系列（11种）	190	北京史话	果鸿孝
	191	上海史话	马学强 宋钻友
	192	天津史话	罗澍伟
	193	广州史话	张苹 张磊
	194	武汉史话	皮明庥 郑自来
	195	重庆史话	隗瀛涛 沈松平
	196	新疆史话	王建民
	197	西藏史话	徐志民
	198	香港史话	刘蜀永
	199	澳门史话	邓开颂 陆晓敏 杨仁飞
	200	台湾史话	程朝云

《中国史话》主要编辑出版发行人

总 策 划	谢寿光 王 正
执行策划	杨 群 徐思彦 宋月华
	梁艳玲 刘晖春 张国春
统 筹	黄 丹 宋淑洁
设计总监	孙元明
市场推广	蔡继辉 刘德顺 李丽丽
责任印制	岳 阳